创新者的任务

COMPETING AGAINST LUCK

[美]克莱顿·克里斯坦森(Clayton M. Christensen)
[美]泰迪·霍尔(Taddy Hall)
[美]凯伦·迪伦(Karen Dillon)
[美]戴维·S. 邓肯(David S. Duncan)_著
洪慧芳_译

中信出版集团 | 北京

图书在版编目（CIP）数据

创新者的任务 /（美）克莱顿 · 克里斯坦森等著；
洪慧芳译. -- 北京：中信出版社，2019.1（2025.2 重印）
书名原文：COMPETING AGAINST LUCK
ISBN 978-7-5086-8394-2

I. ①创… II. ①克… ②洪… III. ①企业管理－技
术革新－研究 IV. ①F273.1

中国版本图书馆 CIP 数据核字（2018）第 263919 号

创新者的任务

著　　者：[美] 克莱顿 · 克里斯坦森 等
译　　者：洪慧芳
出版发行：中信出版集团股份有限公司
（北京市朝阳区东三环北路 27 号嘉铭中心　邮编　100020）
承 印 者：河北鹏润印刷有限公司

开　　本：787mm × 1092mm　1/16　　印　　张：16.5　　字　　数：192 千字
版　　次：2019 年 1 月第 1 版　　印　　次：2025 年 2 月第 5 次印刷
书　　号：ISBN 978-7-5086-8394-2
定　　价：69.00 元

目　录

用户目标达成理论不只是一种结构或营销方法，它也是卓越企业促成颠覆性创新及转型成长的强而有力的切入视角，它适用于各种领域。用户目标达成理论将重新定义你所处的行业、你竞争的市场规模和模式，以及竞争对手，让你在原本以为没有用户的地方看到用户的踪影，为层出不穷的问题找到解决方案，并在意想不到的地方发现新的商机。

第二部分　如何有效地应用用户目标达成理论？

那些等着我们去发掘的用户目标到底在哪里？如何找到它们？答案不在于你使用的工具，而在于你想找什么，以及你如何把观察到的东西拼凑起来。如果你能发现有碍进步的障碍或是令人失望的体验，那么你已经找到了一条线索，创新的机遇就在眼前。以下我们列举几个发掘用户目标的方法：从生活中寻找；从“尚未消费”的领域中寻找；找出暂时的变通做法；关注你不想做的事；找出产品不寻常的用法。创新不见得是生产出新的产品，它更多地是创造出对用户来说新奇且重要的事物。

大多数公司都希望与用户维持紧密的联系，以确保它们开发的产品和服务是用户想要的。但是，很少有用户能够明确或完整地说出他们的需求。用户的动机很复杂，决定购买的流程比他们能描述的还要细致。但是说到用户雇用了什么，或他们淘汰了什么，这背后都有故事。这些故事描述了他们渴望有哪些功能、情感和社会层面的进步，以及究竟是什么阻碍了他们的进步。你的挑战在于成为侦探及纪录片的导演，把各种线索和观察拼凑起来，找到用户想要完成的任务。

发掘用户目标的复杂多元性只是开始而已，距离用户雇用你的产品还很远。但真正了解用户目标就好像你握有解码器，可以解析用户目标的复杂多元性，这可谓一门可以清楚地说明用户目标的语言。新产品之所以成功，不是因为它具有什么特色和功能，而是因为它带来的体验。

第三部分　企业如何以达成用户目标为导向？

组织通常是按功能、商业部门或地域来规划部门结构的，但能够顺利实现增长的公司是以用户目标为核心来改善组织结构的。它们的竞争优势来自组织的独特流程，即整合各部门以达成用户想要完成的任务。

自产品上市那天起，企业管理者周围的一切都改变了。业绩增长的压力很大，你可能忘了当初用户为什么要用你的产品。即使是卓越的公司也可能偏离用户想要完成的任务，转而专注在自己的任务上。根据我们的研究与经验，这种情况之所以会发生，是因为公司对于产品的数据产生了三种误解：主动数据与被动数据之比谬误、表面增长谬误、数据确认谬误。

许多公司都有其崇高的使命宣言，它包含了不同的意图，包括激励员工、宣布公司战略、吸引投资者等。但是，难以落实其使命宣言的公司也一样多。当“用户目标”在组织里得以发声，能够影响决策时，个人的工作流程就有了意义，员工也会了解为什么他们的工作很重要。被明确表达的用户目标就像某种“指挥官意图”，不再需要事必躬亲，因为各阶层的员工都很有动力，都了解如何将他们的工作融入更大的流程中，以帮助用户完成任务。

在最后一章，我有三个愿望。首先，我想传达用户目标达成理论对创新者的妙用，因为它解开了困扰管理者数十年的问题：创新真的只能碰运气吗？我们可以肯定地告诉你，绝对不是！第二，我想说明用户目标达成理论的局限性，即它能解释什么，以及不能解释什么。这一点很重要，因为把用户目标达成理论套用在无法解释的问题上，它就失去了明确性和预测性。第三，我想激发你的好奇心，举例说明用户目标达成理论可探索的问题有多深多广。

推荐序一

实现基于用户目标的精准创新

加强对创新的重视以及进一步开展创新管理，是企业发展的关键。

在企业创新的具体过程中，需要独特的创新战略。1997年，哈佛商学院的克莱顿·克里斯坦森提出了颠覆性创新理论，其主要思想是：新兴企业不应沿袭在位企业的创新轨迹，通过为用户提供足够好的适宜技术，反而能在激烈的市场竞争中逆袭。例如，PC机战胜微型计算机、慕课教育挑战传统教育等，均是颠覆性创新的极好事例。颠覆性创新一度成为创新理论的重大突破，它鲜明地揭示了正确的市场定位而非技术本身，是企业创新成功的关键。一些掌握核心技术的大公司，反而在新兴技术的选择方面，过多地沿用传统的财务评价方法而踌躇不决，结果失去了在市场竞争中持续领先的地位，这就是克莱顿·克里斯坦森教授所描述的“创新者的窘境”。

颠覆性创新的理论虽然十分新颖，并极大地改变了各大企业的创新思路，但这一理论并未指出企业创新的具体路径，即企业如何远离现有的技术轨道。为此，颠覆性创新仍然把创新看作一种具有情境性、艺术化的管理行为。

然而，克莱顿·克里斯坦森教授认为：“不论那些天赋超群的人如何努力，许多制造新产品的尝试，最终都失败了。”因此，企业需要创新管理这一职能，在大胆提出伟大的创意之后，精心控制创新的试错过程，使创新失败的概率最小化，这是企业创新工作的更高要求。

本书提出的基于市场研究的用户目标达成理论，就是要帮助企业进一步明确市场需求，依靠严密的市场研究，找到最合理的创新方向，使创新成为一种可预测的、可持续的商业行为，从而让创新从艺术走向科学。印度的威普罗（Wipro）公司在全力为创新创造条件的同时，也大力督导创新向正确的方向发展。及时地拜访用户、对用户需求进行调研，可以使企业不断地获取来自用户的最新信息，并激发企业针对这些具体的用户需求去进行创新，从而做到创意新颖、产品精准、用户满意。

通过用户目标达成理论，我们可以得知，企业的创新必须高度重视战略和市场营销工作，因为在“需求牵引”和“技术驱动”的争论中，具体的用户目标是创新的关键因素。建立市场驱动的组织和文化，才能更高效地推动企业的创新工作。加强企业研发工作，不仅仅是技术的研发，也包括高水平的市场研究。

本书是世界创新大师克里斯坦森教授在颠覆性创新理论之后又一重要的创新力作，它揭示了创新工作不应是一种鲁莽的不计代价的冒险，而是要基于对消费者现有的或是未来的用户目标的精准把握，提出更明确的创新方法。在全球创新成本不断上升、创新风险不断加大的新环境下，克里斯坦森教授的这一创新理论与方法无疑是客观、理性和可行的。

我极力向读者推荐《创新者的任务》一书，感谢中信出版社引进并翻译出版这一优秀的商业著作，希望本书的思想对进一步推动中国企业的创新工作有新的贡献。

陈　劲

清华大学经济管理学院创新管理教授

《清华管理评论》执行主编

推荐序二

超越运气

从用户故事中寻找创新机遇

克莱顿·克里斯坦森是那种能让人感受到“理论之美”的理论家（相反，很多理论家总是在做一件事——展示理论的牵强与笨拙，让人对理论望而生畏）。这表现在他的理论不仅具有强大的解释力，而且他能将其理论赋予一种明显的“故事感”和“场景感”，消解了所有理论自带的“灰色”。

克里斯坦森以提出“颠覆性创新理论”而著称。近十年来，这种理论在中国商业界被反复提及和引用（虽然不少时候是被当作一种理论饰品），其影响力不能说不大。本人从1998年开始关注他的思想和著述（当时他只是哈佛商学院的一名讲师），读完刚刚出版的《创新者的窘境》，我“以激动的心情”在《互联网周刊》上写了一篇详细介绍这本书的文章。他的理论之所以能让人“激动”，是因为它更像是一种富有戏剧性的情景展示和场景推演。一个强大到独孤求败的公司，如何凭着在市场上所向披靡的产品，最终打败了自己？一个弱小到令人同情的公司，如何凭着最不起眼的产品，从走自己的路开始，逐渐踏上别人的路，终于让别人无路可走？关键还不在于以弱胜强的结果，而在于丝丝入扣、渐入佳境的颠覆性逻辑。

克里斯坦森用理性而沉静的语言把这个逻辑讲得让人跃跃欲试。

半年前，知乎的首席执行官周源先生向我推荐了《创新者的任务》这本书。我用了3个多小时读它，完全停不下来。

很多大师后期写的书，更像是在舞台上舍不得离开时的重复和唠叨，但《创新者的任务》这本书，我确信是克里斯坦森的著作中最值得读的一部，它对身处创新、创业一线的人来说更是如此。克里斯坦森以前的著作，无论是《创新者的窘境》《创新者的解答》，还是《创新者的基因》，虽然精彩，但仿佛都是在为这本书做铺垫。

前面几本书让我们目睹了各种颠覆性创新，理解颠覆发生的逻辑，而《创新者的任务》的主题只有一个：如何通过体系化的操作，真正打造出一款引爆市场的颠覆性产品？

市场上时不时会出现“爆款”，偶尔也会出现对整个行业搅局的颠覆性创新。实际的情况常常是,“爆款”之后难再有爆款,“搅局”之后，泯然众人。这也是克里斯坦森构思这本书的基本焦虑和基本困惑：颠覆性创新如何避免“撞大运”的命运？颠覆性产品真的是可遇不可求的吗？

经过长期、大量的案例研究，克里斯坦森和他的研究团队得出结论：颠覆性创新可遇且可求。一个产品之所以能实现颠覆，一定是做对了什么。只不过人们常常是侥幸、碰巧做对。对在哪里？到底有多对？他们常常茫然不知，而且常常将无关紧要甚至起反作用的“原因”归结为原因。可想而知，这样的好运气只能是一次性的，想复制这样的好运，成功率与守株待兔一样低。

克里斯坦森的《创新者的任务》始终在说一件事：如何让颠覆性创新操之在我而不是撞大运，如何有方向、有策略、有方法、有流程地实施颠覆，创造可持续的“爆品”。

克里斯坦森的这个创新方法论即“用户目标达成理论“(Jobs to Be Done)。克里斯坦森建议，每一个创新者都应该通过“用户目标达成理论”这个镜片，从用户视角观察他们在日常生活中想要完成的任务，以及完成任务过程中遭遇到的挑战和阻碍。

用户目标达成理论能够让我们通过产品功能，看到用户日常使用产品时涉及的社会和情感因素，详细还原用户达成目标的背景。这不仅有益于产品本身的改进，而且能够让创新者在意想不到的地方发现商机。

当下，我们身处大数据时代，数据的收集方式和速度以及数据量都呈指数级增长，用于数据分析的工具也越来越多，且性能都在不断提升。我们有更好的条件用于客户信息的收集和分析，也理应利用这一优势条件针对用户需要达成的目标提供更为优质的产品和体验。

即使是过度竞争的市场，也不缺少用户需求，缺少的是发现客户隐秘需求的意愿和能力。如果你能像父母对孩子一样揣摩用户需要达成的目标，像医生一样从表面的症候解读出用户自己都不知道的任务，你的企业就会创造出一个前所未有的市场空间，并获得惊人的成长。

吴伯凡

知名媒体人、学者、商业思想家

前　言

创新不该碰运气

这是一本与“进步”（progress）有关的书。

没错，这本书谈的是创新，以及如何精进创新的能力。不过，这本书的核心其实是告诉我们，如何迎接在追求进步的过程中面临的种种挑战。

你或许跟很多创业者及管理者一样，在追求创新时可能没有想到“进步”这个词；你可能只想创造出具备出色功能和效益、足以吸引用户的完美产品；或是持续改良既有的产品，让产品获得更好的利润；或是有别于竞争对手。你认为你知道用户想要什么，但实际上，市场有什么反应，你只能是碰运气。你认为，只要自己尝试的次数够多，外加一点儿运气，那么你的产品总有一天会受到用户的青睐。

然而，你并不需要这么做。当你真正了解影响用户选择的因素时，就没必要如此。创新其实有很高的预测性，而且可以带来更好的收益，但你需要改变思维。重点在于进步，而不是产品。所以，如果你已经厌倦了倾注全力创新却总是遇到“叫好不叫座”的情况；如果你想创造事前就可以知道用户不仅有购买意愿，而且愿意出高价购买的产品和服务；如果你想和市场上那些只靠运气的创新发明相互竞争，那么请你继续读下去，这本书可以帮助你让业务发展得更顺利。

多年来，创新一直是全球各个企业最关注的课题，但它也总是令人大失所望。最近的麦肯锡调查显示，有84%的全球高管认为，创新对企业的成长策略极其重要；而且仍有高达94%的受访者并不满意他们自己的创新绩效。大部分人也同意，绝大多数的创新远不及最初的理想抱负，这种现象已经持续数十年了。

理论上，这个现象实在没有道理。在今天，企业可以自由运用的工具和技术远比以前更精密，企业投注于创新目标的资源也远比以前更多。2015年，《战略与经营》杂志的一篇文章指出，1 000家上市公司光是研发支出就高达6 800亿美元，比前一年多了5.1%。[1]

但企业并未因此变得更了解用户，大数据革命大幅增加了数据搜集的多元性、数量和速度，也提升了分析工具的复杂性。大家对这些数据的期待更胜以往。2008年，时任《连线》杂志总编辑的克里斯·安德森甚至宣称："有相关性就够了。"[2]他这句话隐藏的意思是，只要凭借大量的数据就足以破解创新问题。自从迈克尔·刘易斯在《点球成金》中描述了奥克兰运动家队的奇迹式成就后（谁会料到上垒率竟然比打击率更能预测球队表现呢？），各类组织就一直在寻找可以指点创新迷津的"点球成金版"用户数据，但很少有人找得到。

许多公司的创新流程有着自己的结构与纪律，而且应用这些流程的人都有娴熟的技巧，包括"门径管理系统"（stage-gate）、快速迭代（rapid iterations），以及制衡原则（check & balance）的精致设计。所有风险都经过精心估算与削减，企业在创新流程的设计中，普遍内建六西格玛（six sigma）等体系，新产品在每个阶段的发展应该达到哪些标准，都要设定精确的衡量指标及严格的要求。从表面上看来，这些公司似乎掌握了非常精确、科学的流程。

但是对大多数人来说，创新依然是碰运气的事。最糟糕的是，这一切的创新行动都给人一种“有进步”的错觉，实际上却并非如此。企业为了达到适度的创新，投入成倍的心力和成本，但是在关乎长期成长的突破性创新方面却乏善可陈。就像大联盟传奇捕手尤吉·贝拉的一句名言：“我们迷路了，但我们开得很顺，正在快速前进！”

为什么会错得如此离谱呢？

根本的问题在于：企业累积的大量资料并未被妥善整理，因此无法据此可靠地预测哪种创意可行。这些数据只是告诉你，“这个用户看起来跟那个用户很像”，“这个产品和那个产品有类似的功能”，“这些人过去有相似的行为”，或“68%的用户表示比较喜欢A版本，而不是B版本”。但这些数据并没有告诉你，为什么用户会做出这些选择。

以我为例，我叫克里斯坦森，64岁，身高203厘米，鞋子穿16码，孩子们都上大学了。我住在波士顿郊区，开本田多功能旅游车上班，我还有很多其他的特质，但是这些特质并没有促使我去买今天的《纽约时报》。我的某些特质可能和购买《纽约时报》的用户偏好有关联，但是这些特质并没有促使我去买那份报纸或其他商品。

如果公司不了解为什么我在某种情况下会选择“雇用”（hire）它的产品，以及为什么我在其他情况下会挑选其他公司的产品，那些与我[3]（或与我相似的人[4]）有关的资料不太可能帮助公司创造出吸引我的创新发明。我们很想相信可以从数据库里看出重要的模式并相互参照，但这并不表示两件事之间就有因果关系。诚如《信号与噪声》的作者纳特·西尔弗所言：“冰激凌销量和森林大火有相关性，因为在夏季高温时都比较常发生，但两者之间没有因果关系——你买一盒哈根达斯冰激凌不会使蒙大拿州的森林着火。”

当然，相关性和因果关系是两回事，这不是什么出人意料的道理。但即使大多数企业都了解这一点，它们却常常把两者混为一谈。它们放心地使用相关性，因为那样可以让它们在夜里睡得更安稳。

但是，相关性并未透露出“创新”最重要的因素：为什么我会买某件商品？这背后有什么因果关系？很少有创新者把找出“起因”（cause）视为主要的挑战，他们把关注点放在了如何改善产品、增加收益，或是增加产品的差异化以增强竞争力等方面。

质量管理之父爱德华兹·戴明曾说：“你要是不知道怎样问正确的问题，就无法找到答案。”几十年来，我见证了许多卓越的大公司一再失败，于是我逐渐得出一个结论：的确，我们应该问一个比较好的问题，即“你‘雇用’那个产品来做什么？”

我觉得这是个很好的概念。我们购买产品时，基本上就是“雇用”某个东西来完成某个任务。如果任务大功告成，未来又面临同样的任务时，我们就会再度“雇用”同样的商品。万一这个产品无法完成任务，我们就会“淘汰”（fire）它，再去找其他可以解决问题的商品。

每天，我们都会遇到一些事情，生活中充满需要完成的任务。有的任务很小（如“排队时消磨时间”），有的任务很大（如“寻找令人充实的职业”），有的任务纯属意外（如“航空公司把我的行李搞丢了，但是我需要正式服装参加商务会议”），有的任务经常发生（如“帮助女儿准备健康美味的午餐”）。有些时候我们知道任务即将到来，有些时候则无法预料。当我们发现有任务需要完成时，我们就会想办法来完成这个任务。

例如，我可能会买一份《纽约时报》，因为等待就诊时需要消磨时间，而我不想翻阅候诊室里的乏味杂志；或者我买报纸是因为我是篮球迷，现在正值“三月疯”（即美国大学篮球联赛）。只有生活中出现《纽约时报》可以帮我解决任务这一契机时，我才会买《纽约时报》。又或者，我订阅《纽约时报》，每天让人送到家里，是为了让邻居知道我见多识广，而订户的邮政编码或家庭收入的中位数都不会告诉《纽约时报》这一点。

我在哈佛商学院授课时曾论及这个理念。但后续20年间，我和许多作家、我所信赖的同事、合作者、意见领袖做过无数次沟通以后，又在不断地精进这个理念。一些全球备受推崇的企业家和创新者都已经验证了这个理念是正确的，包括亚马逊的杰夫·贝佐斯和财捷集团（Intuit）的斯科特·库克。近几年几个极其成功的新创企业也证实了这一点，谁会想到让旅游者付费住在陌生人家中的服务，竟然比万豪、喜达屋、温德姆酒店集团更值钱？但爱彼迎做到了。萨尔·可汗说，他用来教小表妹数学的影片比许多早就上线的教学视频“更廉价更简陋”，但是他的视频现在帮助了世界各地数百万名学生按照自己的步调来学习。

这些创新都不是为了赶时髦，也不是为了增加新风貌以提升销量。它们不是为了帮既有产品增加花哨的功能，好让公司可以提高收费。它们都是因为清楚地了解这些产品能帮助消费者取得自己想要的进步，才去构思、开发，进而推出上市的。当你有任务需要解决却找不到好的解决方案时，即使是“更廉价更简陋”的东西，也比什么方法都没有好。试想一下，完美的产品究竟有多大的潜力。

不过，这本书的目的不是为了赞扬过往的成功创新，而是要谈谈对你而言更重要的东西：创造并预测新的创新。

我们的思维基础是“用户目标达成理论”（Theory of Jobs to Be Done），我们要深入了解用户在寻求进步的过程中遭遇到的困扰，然后制定出适当的方案及配套的体验，让用户每次都能完成任务。“理论”这个字眼可能让人联想到象牙塔的空想，但我跟你保证，这是最务实、最实用的商业工具。好的理论可以帮助我们理解“如何”以及“为什么”，也可以帮助我们理解世界的运作，并且预测我们的决策和行为可能衍生的结果。我们认为用户目标达成理论可以让公司从“认为有相关性就够了”变成“注重成功创新的因果机制”。

创新也许永远无法成为一门完美的科学，但这不是重点。我们有能力使创新变成企业可靠的成长引擎，从而清楚地了解因果机制，而不是乱枪打鸟，期待幸运地取得成功的果实。

用户目标达成理论是我们从现实世界观察到的洞见与经验的结晶。我请合著者与我一起撰写这本书，是因为多年来他们一直在工作中使用这个理论，而且经常把这个理论应用在创新的实践领域中。我们一起构想、推敲及改进这个理论，也将许多同事和企业家的想法和贡献融入进来，我们会在本书中经常提及他们的研究和洞见。

泰迪·霍尔是我在哈佛商学院所教的第一届学生，多年来我们合作了许多项目，包括与财捷公司的创始人库克一起撰写并刊载于《哈佛商业评论》上的文章《营销失职》，这篇文章首次提到“用户目标达成理论”。霍尔现在是剑桥集团（隶属于尼尔森公司）的负责人，也是尼尔森颠覆性创新项目的领导者。所以，他和一些全球顶尖的企业都有密切合作，包括本书中提到的许多公司。更重要的是，多年来他一直坚持将用户目标达成理论应用在创新咨询工作中。

凯伦·迪伦曾任《哈佛商业评论》的编辑，并与我合写了《你要如何衡量你的人生？》一书。你会在本书中看到她长年在媒体公司以资深管理者的身份进行创新。在我们合作的过程中，她总是站在读者的角度思考。她不遗余力地架起学术和实践之间的桥梁，也是我最信赖的合作者之一。

戴维·S. 邓肯在 2000 年与我合创了咨询公司Innosight，并担任资深合伙人。他是一位顶尖的思想家，同时为资深高管提供创新策略与成长咨询服务，协助他们应对颠覆性的巨变，为企业创造可持续性增长，对组织进行变革，以打造基业长青的事业。与他共事的客户告诉我，他们彻底改变了自己对企业的思考模式，也转变了企业文化，并且更专注于用户想完成的任务。（一位客户甚至以他的名字为公司的会议室命名。）过去十年来，邓肯努力开发并落实用户目标达成理论，这使他成为知识最渊博、最具创新性的理论实践者。

整本书中，我们决定以第一人称“我”来叙述，好让读者更容易阅读。但这本书是我们通力合作的成果，是大家集体智慧的结晶。

以下是本书的概要：第一部分介绍用户目标达成理论是什么。第二部分从理论转向实践，说明如何有效地应用用户目标达成理论。第三部分说明企业如何以达成用户目标为导向。为了帮助读者了解各部分的内容，让大家得到更多的收获，我们在每章的开头都加入一段话介绍该章的主旨，并于结尾附上简单的“重点摘要”。在第 2 章到第 9 章的结尾，我们也列出一些问题，你可以去询问组织里的领导者，从而帮助高管把学到的理念付诸实践。

我们想借由案例来阐释我们的主张或观点，而不是用陈述的方式直接告诉你。就像当初发现用户目标达成理论一样，我们发现，说故事的方式更有效，可以教会你如何思考，而不是直接告诉你该思考什么。所以书中会适时地穿插一些故事。我们希望读者在阅读的过程中，对如何提高创新成功的概率有更多新的认识。

你为什么“雇用”这个产品?

世界各地的组织已倾注了无数资源（包括时间、精力、高管人员的心思）去追求创新，它们自然也为了提高效率不断精益求精。但是，如果这一切努力都是为了解答错误的问题，那么其成果就会建构在相当薄弱的根基之上。

爱德华兹·戴明曾说过，“每道工序都是为了得到一个结果而做出的完美设计”。如果我们认为创新是混乱、不完善、不可知的，我们也会设计相关流程去落实这些想法，这正是很多公司的做法：它们无意间设计了粗制滥造的产品创新流程。它们花了许多时间和金钱，从大量的数据中编辑整理出模型，这使得它们精于描述事实，却无法预测未来。

我们不需要勉强接受这种平庸的状态，我们可以提出更好的问题:“你为什么‘雇用’这个产品？”这个问题可以帮助我们了解用户决定雇用新产品的因果关系。如果规划策略时，你从了解产品的“用户目标”着手，那么你在市场竞争中就不需要碰运气了。事实上，当别人还在靠运气竞争时，你已经稳操胜券了。你将以全新的视角观察世界，关注不同的竞争对手、不同的优先要务；最重要的是，这将产生不同的结果。从此以后，创新再也不需要碰运气了。

注释

1. Jaruzelski, Barry, Kevin Schwartz, and Volker Staack. “Innovation’s New World Order”. *strategy+business*, October 2015.

2. Anderson, Chris. “The End of Theory: The Data Deluge Makes the Scientific Method Obsolete”. *Wired*, June 23, 2008.

3. 我的儿子斯班赛在小联盟里是一个很出色的投手。当有厉害的队员上场打击时，我可以看到他冷静沉着地应对，每投完一球就又恢复全神贯注的样子。在某些关键时刻，他可以做到临危不乱。可能会有数据告诉你，他赢了几场球、输了几场球、投出几个好球和坏球等，但是这些数据无法告诉你为什么。数据不是现象，数据只能代表现象，且代表性不高。

4. 20世纪50年代，美国空军机构发现一些飞行员难以掌控飞机。哈佛大学教育学院“心智、大脑与教育”课程主任托德·罗斯在《终结平庸》一书中描述，美国空军原以为问题在于训练不足或飞行员操作失误，但后来发现这根本不是问题所在，而是驾驶舱有一个设计缺陷：那是为20世纪20年代的“一般”飞行员设计的。而当时的美国人显然要比那个年代的人高大，于是美国空军决定更新“一般飞行员”的标准，这需要测量4000多位飞行员十几项身体尺寸，这样才能计算出符合所需要的驾驶舱尺寸。美国空军因此推论，只要根据20世纪50年代飞行员的平均尺寸来重新设计驾驶舱，问题就能解决了。那么，究竟有多少飞行员的尺寸刚好符合他们大费周章算出来的平均数值呢？半个都没有。罗斯说每个飞行员都有自己所谓的“突兀特质”（jagged profile），例如有的人腿比较长，有的人手臂比较长，身高对应的胸围或头围从来都不是固定的。所以重新设计的驾驶舱其实并不能适用于所有人。最终，美国空军舍弃了基准假设，之后可调整座椅应运而生。可见，现实世界里没有所谓的“平均”。为“平均”所做的创新注定会失败。参见 Rose, Todd. *The End of Average: How We Succeed in a World That Values Sameness*. New York: HarperCollins, 2015。

第一部分

用户目标达成理论是什么？

“我们迷路了，但我们开得很顺，正快速前进！”

——大联盟传奇捕手尤吉·贝拉

第1章

颠覆性创新理论没有回答的问题

为什么创新如此难以预测及维持？因为我们一直以来都没能提出正确的问题。尽管颠覆性创新的竞争模式成功有效，但这个模式并没有告诉你应该去哪里寻找新的商机。它没有提供蓝图指引你该往何处创新或如何创新，才能颠覆市场的领先企业或开辟新市场，但用户目标达成理论可以做到这些。

为什么守成更难？

多年来，这个问题一直在我脑中盘旋。早些年，我刚参加工作时，有机会和许多运营陷入困境的公司密切合作。一开始我在波士顿咨询公司担任顾问，后来又和几位麻省理工学院的教授一起创立了竞航科技有限公司，并担任首席执行官——这是一家专门以他们研发的先进材料来制作产品的公司。当时，我目睹了很多聪明人都无法为一度卓越的公司解决问题。

同时，我也看到总部位于波士顿的数字设备公司（Digital Equipment Corporation, DEC）崛起，成为全球备受推崇的企业。每当你看到有人解释这家公司为什么那么卓越时，大家都免不了把它的成就归因于其杰出的管理团队。

然而，1988年左右，DEC公司的运营突然急转直下，迅速瓦解。这时，再有人解释这家公司为什么衰败得那么惨时，你会发现大家都归因于其管理团队的无能，而那个团队其实就是长期以来让DEC公司备受赞扬的同一批人马。

有段时间，我是这样想的："哎呀，这群聪明人怎么那么快就变笨了呢？"多数人也觉得这就是DEC公司衰败的原因——反正就是这支一度很厉害的管理团队不知为什么就变糟了。但是，如果考虑到全球所有生产迷你计算机的公司几乎同时衰败时，这个"管理不当"的假设似乎又说不通了。

所以，我回到哈佛商学院攻读博士学位时，也把一些问题带回了校园，希望从学术角度解开这些谜题。这些卓越的企业之所以衰败是不是别的因素造成的？它们当初成功是因为某方面运气特别好吗？这些企业是因为跟不上时代，太依赖过时的产品，无法超越更灵活的竞争对手才衰败的吗？创造新产品和开创新事业本质上就是一件风险很大、碰运气的事吗？

但是，当我深入研究以后，才发现最初的假设是错的。我发现，即使最优秀的管理团队做了一切正确的事情，也依循了最好的建议，把公司一路带到巅峰，但之后就会直线坠落。当时，我研究的产业是磁盘驱动器制造商，几乎每家现有企业都被新进业者以更廉价、（一开始）更糟的新产品（所谓的"颠覆性创新"）打得一败涂地。

这项研究促成了颠覆性创新理论的诞生[1]，它能够阐明在一向复杂与高成本的市场中，引进简化、方便、好用又廉价的创新，从而颠覆市场，最后重新定义既有市场或产业的现象。

颠覆性创新理论的核心，是对创新的竞争回应的理论。它阐明并预测了可能遭到颠覆的公司都有哪些行为，并揭示了卓越企业应对起初看似微不足道的威胁时所犯的错误。这个理论也教导现有企业如何预测眼前可能是最大的颠覆性威胁的创新。但过去 20 年间，颠覆性创新理论被众人扩大解释，甚至误用，变成泛指各种巧妙、新颖、充满野心的事物。

但是颠覆性创新理论并未告诉你去哪里寻找新的商机，它无法预测或阐释企业应该如何创新，才能颠覆市场中的领先企业，或是去哪里开创新的市场；它无法告诉你如何避免“乱枪打鸟”式的创新，以免最后大失所望；它也无法告诉你如何创造出用户想要的产品或服务，并预测哪个新产品会热卖。

但是，用户目标达成理论可以做到这些。

同一杯奶昔，满足不同的需求

20 世纪 90 年代中期，两位底特律的顾问问我，能不能来哈佛商学院找我，他们想进一步了解我当时发表的颠覆性创新理论。鲍伯·莫埃斯塔和他当时的伙伴瑞克·佩迪正在开辟一个新市场，指导面包店和零食公司如何开发出顾客想买的新产品。

在我们讨论颠覆性创新理论时，我看到这个理论能清楚地预测市面上现有的企业在面对这些小型面包店和零食公司即将带来的破坏时会有怎样的反应。从这个角度来看，颠覆性创新理论提出了清楚的因果关系。但我们继续讨论之后，我可以明显地看到颠覆性创新理论并未给客户提出一套蓝图，也没有清楚地说明企业应该怎样打进市场才会成功（例如，“你应该这样做，不要那样做，才会胜出”）。事实上，我发现即使一家公司有意颠覆市面上竞争力不佳的其他企业，它们开发出合适的商品或服务来达成目标的概率也可能不到25%。

多年来，我一直努力探索为什么卓越的企业会失败，但我后来发现，我从未进行过反向思考：成功的企业如何知道怎样成长呢？

我想了好几个月终于找到答案。莫埃斯塔与我分享了一个快餐连锁店的个案：如何增加奶昔的销售量。这家快餐店的管理者花了好几个月详尽地研究这个问题，他们找来典型的奶昔消费者，询问他们一些问题，例如：“请您说一下，我们要怎样改进，才能让大家多买一些奶昔呢？是降价，还是把奶昔做得更浓稠一点儿，或是增加一点儿巧克力的味道？”

即使顾客表达出自己的喜好，快餐店管理者还是不知道应该怎样做。他们根据顾客的意见做了多项尝试，为了满足更多潜在的奶昔消费者进行创新。但几个月过去了，他们清楚地看到业绩毫无变化。营销人员使出浑身解数，但快餐店的奶昔销量依旧不佳。

于是，我们想以截然不同的方式来探索这个问题：这些顾客的生活中出现了什么“任务”需要解决，促使他来这家快餐店买奶昔呢？

我觉得这个思考问题的方法很有趣。这些顾客不仅是购买产品，他们来买奶昔也是为了解决生活中的特定“任务”。促使我们购买商品或服务，正是我们一天到晚都会面对的事情。日常生活中，我们随处可见需要处理的任务，于是我们会购买相关商品或服务来完成这些任务。

采用这个观点以后，营销人员某天在店里待了18个小时观察所有顾客：顾客何时会来买奶昔？他们穿什么衣服？他们独自来买吗？他们会顺便买其他东西吗？他们是在店内食用，还是带走？

结果发现，竟然有不少顾客在早上9点以前独自来买奶昔，而且他们几乎只买奶昔，买完就直接上车带走了。于是，我们问这些顾客："请问你为什么会来这里买奶昔？你买奶昔的目的是什么？"

一开始这些顾客也答不上来，后来我们又问他们，如果不买奶昔，他们又会买什么，他们才知道该怎样回答。不过，我们很快就发现，这些早上来买奶昔的顾客都想解决同样的任务：他们开车上班的路程很遥远，他们会感到很无聊，因此需要增添一些乐趣。他们其实并不饿，但再过两三个小时没准就会饿了。他们可以买来垫肚子的选择其实很多，但是没有一样食物像奶昔那么完美。一位顾客说："有时我会买根香蕉。但是香蕉真的不合适，它消化得太快了，我很快就饿了。"此外，甜甜圈太容易掉屑，吃完还会黏手，把衣服和方向盘弄脏。贝果面包太干，也没什么味道，如果要涂抹奶酪和果酱，他们还得用膝盖控制方向盘。另一位顾客坦言："有一次我买了士力架巧克力棒，但是用它来当早餐让我充满罪恶感，后来我再也没买士力架了。"

而奶昔呢？奶昔是最完美的选项——浓稠的奶昔用吸管可以吸很久，而且不会很快就让你感到饥饿。一位开车上班族说："这家店的奶昔很浓，我光用那支细长的吸管就可以吸20分钟。谁在乎里面有什么成分呢？我根本不在乎，我只知道我喝一杯就可以撑一整个早上，而且单手拿着刚刚好。"所以，奶昔比其他的"竞争对手"更适合解决他们的任务。对顾客来说，所谓的"竞争对手"不只是其他快餐店的奶昔，还包括香蕉、贝果、甜甜圈、早餐棒、冰沙、咖啡等。

营销团队搜集顾客的答案并分析这些人的特质时，他们注意到一点：这些奶昔买家的共同点和他们的个人状况毫无关系，他们只是在早晨都有类似的任务需要解决罢了。

“（这个任务就是）帮我保持清醒，有事做，让开车上班的过程更有趣。”我们终于找到答案了！

但事情没有那么简单。

其实这家店在下午和晚上也卖出很多奶昔，这批顾客都和开车上下班无关。在这种情况下，同一个顾客购买奶昔可能是为了完全不同的需求。每周，很多家长都会对孩子的种种要求说“不”，例如“不能买新玩具”“不能晚睡”“不能养那只狗”等。我自己就是这类家长，但我一直在找机会培养亲子关系。我想找点儿无伤大雅的事做，以展现慈父的一面，让我有办法对孩子的要求说“好”。

一天下午，我和儿子在快餐店排队。我点了餐，儿子抬起头问我：“爸爸，我可以点一杯奶昔吗？”机会终于来了！我在家里答应过妻子，接近正餐时间尽量不要让孩子吃不健康的零食。但我们现在不在家，我终于可以答应孩子的要求了，因为这是特殊状况呀。于是，我把手搭在儿子的肩上，对他说：“当然好啊，斯班赛，你可以点一杯奶昔。”在那一刻，这杯奶昔并非像晨间奶昔那样在与香蕉、士力架巧克力或甜甜圈竞争，而是与逛玩具店或是我打球的时间竞争。

你想想，这和开车上班族想完成的任务不同，竞争对手也不同。快餐店如果找我这种父亲来做市场调查，问前面那个问题：“我们要怎样改进，才能让您多买一些奶昔？”我会怎样回答？我的答案会和早晨的开车上班族一样吗？

顾客早晨的任务是需要一杯浓稠的奶昔，让他可以在无聊漫长的上班途中吸很久。店家可以在奶昔里添加果粒，但目的不是为了让奶昔更健康，因为顾客买奶昔并不是为了健康。添加果粒或巧克力碎块是为了给每一口奶昔增添一点儿“惊喜”，让上班之路变得更有趣。店家也可以把奶昔机从柜台后方移到前方，提供刷卡功能，让晨间开车上班族可以匆匆进来，刷卡买杯奶昔就迅速离开。

那天下午，我还是快餐店的顾客，但情况不一样了——我想解决的任务是“当一个好爸爸来安抚孩子”，我需要的奶昔也和早晨截然不同。也许在下午店家应该供应小杯的奶昔，让人迅速吸完，又不会让我这样的顾客产生太大的罪恶感。如果这家快餐店只把焦点放在如何从总体上将产品“变好”，例如“更浓”“更甜”“更大杯”，那就放错分析的焦点了——店家需要了解顾客在特定的情境下想完成的“任务”。如果店家只是把孩子的爸爸和开车上班族的调查答案加以平均，那只会得出“无用”的产品，对任何顾客来说都派不上用场。

这就是关键所在。

有些顾客在一天之内会面对两种不同的情境，他们会为了完成两项截然不同的任务去买奶昔。每个任务的竞争对手都不一样，例如早晨是和贝果、营养棒、新鲜果汁竞争，下午是和逛玩具店或赶回家打球的时间竞争。所以，他们会根据不同的标准来评估奶昔是不是当下的最佳选项。由此可见，快餐店想卖出更多的奶昔可能不只一种方法，而是有两种方法，万能之法对上述两种情境毫无帮助。

人造奶油vs天然奶油

对我来说，从用户目标达成的角度来重新诠释创新挑战，这是一个令人振奋的突破，这给予了颠覆性创新理论无法解决的功能：搞清楚是什么因素促使用户在生活中使用某种商品或服务。

我觉得用户目标达成理论直观易懂，所以我在那些力求创新的公司中进行了测试。没想到，这个机会不久之后就以意想不到的形式出现了。这次，我遇到的商品是人造奶油。

我们解开奶昔的难题不久，我正好有机会为联合利华集团送到哈佛商学院上课的高管们备课。那周的课程内容包括讨论人造奶油业的创新。当时，人造奶油是产值数十亿美元的大市场，联合利华在美国的市场占有率约为70%。当一家企业的市场占有率如此之高，又已经开发出五花八门的人造奶油产品时，管理者就很难看出成长的途径。我本来乐观地认为用户目标达成理论可以为联合利华提供一个机会，让他们重新思考人造奶油市场的增长潜力，但结果却事与愿违。联合利华的困境让我了解到，为什么多数企业似乎不太重视创新中的一条重要原则，那就是“什么因素促使用户做出了选择”。

以下是我的做法。在受到奶昔难题的启发后，我和女儿安坐在厨房里思考我们会买人造奶油来做什么。我们常会用人造奶油来沾湿爆米花的外层，让盐粒粘在上面，但人造奶油的口感不如天然奶油美味。所以，我们直接前往附近的超市，看能否进一步了解大家为什么会买人造奶油来取代天然奶油。

我们一到超市，就发现货架上的选择多到眼花缭乱。在天然奶油的旁边，仅人造奶油的品牌就多达21种。我们本以为自己知道人造奶油的基本优点：含脂量较低，当时大家可能觉得人造奶油更健康[2]，而且它也比天然奶油便宜。当然，超市的 21 种人造奶油确实稍有不同，但它们之间的差异好像全部集中在改进含脂量上，这其实和我们购买人造奶油的原因没什么关系。我们在超市观察顾客的选择时，也看不出大家挑选的标准是什么。顾客的个人特征和他们的选择之间没有明显的相关性，就像之前的奶昔一样。

我们看到顾客挑选完后，就会问自己：“他们买来做什么？”我们观察了半天，逐渐看出顾客的决策不单纯是比较人造奶油和天然奶油。我们站在冷藏食品的通道上，其实并没看到人造奶油的所有竞争对手。人们买人造奶油的用户目标包括“我需要东西来涂面包，让面包吃起来不会那么干”，而多数人造奶油太硬了，涂在面包上可能抹不开，只会在中央留下一坨脂肪，难以摊平到边缘需要沾湿的地方。针对这个用户目标，人造奶油其他的竞争对手包括黄油、奶酪抹酱、橄榄油、美乃滋等，虽然我觉得它们吃起来都没什么味道。[3]

此外，人们选择人造奶油或许是用来完成全然不同的其他任务，如烧菜时不让食物变焦。在这方面，人造奶油的竞争对手包括不粘锅和烹饪喷剂，这些产品摆在超市其他通道上，都是在冷藏食品区域看不到的。

当你从顾客的角度思考人造奶油在跟哪些商品竞争时，新的机遇就出现了。顾客挑选产品时，他的大脑中会想到竞争产品的功能，让他比较出哪种产品能帮他更好地完成任务。例如，想象你给每个竞争产品写出履历表。天然奶油可能是用来增添食物的风味，我们原本认为它是人造奶油的主要竞争对手，但它不见得永远都是人造奶油的竞争对手。你也可以为不粘锅、橄榄油、美乃滋写一份履历表。

在生活的不同情境中，我们会用同一种产品来完成不同的任务，就像奶昔的情况一样。在人造奶油市场里，联合利华可能有很高的市场占有率。但顾客踏进超市时，他们脑中想的不是“我需要去人造奶油区买东西”，而是想着人造奶油如何实现自己的特定目标。

那天，我们在超市里可能没有找出人造奶油的所有竞争对手，但有一点变得很清晰：从用户目标达成理论的视角来看，人造奶油的市场潜力比联合利华原本估算的要大很多。

我对这个发现充满信心，于是对那些来哈佛商学院上课的联合利华高管提出了这套理论。我认为，如果他们可以找出顾客购买人造奶油的用户目标，他们也许可以通过不同的方式来思考如何提高业绩。

没想到那次讨论不太顺利，也许是因为当时我们还没有找到说明那个理论的确切用语，所以在场的联合利华高管听完我的解说之后都毫无反应。那天我提早下了课，并提议我们稍后探讨新的主题。结果后来我们没再提起用户目标达成理论。

那天来上课的联合利华高管想必都很资深，他们的经验也很丰富，但他们的冷淡反应使我纳闷，有多少企业对创新依旧抱着僵化的思维模式，以至无法退一步评估他们提出的问题是否正确。这些高管平日面对大量的产品相关数据，他们对市场占有率、不同市场的销售状况、数百种不同商品的毛利等了如指掌，但这些资料都是把焦点放在用户和产品上，而不是产品是否能帮助用户完成任务。

就连衡量用户满意度的指针，也只是显示用户是否对产品感到满意，并未告知产品如何能将用户的任务完成得更好。而且，大多数公司都是以这种方式追踪及衡量成效的。

联合利华的高管来哈佛商学院上课之后的几年，人造奶油（最近常被称为“抹酱”）的市场状况都不太好。我只是局外人，但是在我看来，联合利华后来在人造奶油市场上采用的策略和它在 1997 年使用的策略大同小异，它持续用传统的方式实现产品差异化。在 2005 年前后，美国家庭对天然奶油的采购量已超过人造奶油，部分原因是人造奶油里的反式脂肪酸令人忧心[4]，人造奶油的业绩从此逐渐下滑。

到了 2013 年，一位分析师甚至建议联合利华把人造奶油列入停产项目。高登咨询公司的日用消费品股市研究部执行董事格雷汉姆·琼斯写道:“我们觉得，联合利华应该考虑淘汰这个业绩持续低迷的产品了。”2014 年年底，联合利华宣布打算将人造奶油这个欲振乏力的部门分割独立出去，另设公司，以免这个顾客不再青睐的产品拖累集团整体的成长。2016 年年初，联合利华撤换人造奶油事业处的负责人，联合利华未来在人造奶油市场的发展再度引发了外界的臆测。

相反，橄榄油市场可以说是全球食品业中成长最快的领域。过去 20 年间，联合利华成为一家做了很多正确战略决策的一流企业。但我很纳闷，如果当初那些高管能以不同的观点看待整个竞争市场，那么联合利华的发展方向和现在相比可能会有很大的差异。

我们可以做得更好

这个经验让我意识到，我们在讨论创新时，确实缺乏贴切的字眼帮助我们了解实际促成创新的成功因素。创新往往流于随意混搭，而且创新者也经常滥用不恰当的概念和术语。面对许多为其他目的而创造出来的数据、结构、用户类别和偏好指标，很多人以为这些东西对他们的创新也有帮助。

身为学者，恐怕我也难辞其咎。在商学院里，我们传授五花八门的分析模式，例如回归分析、因素分析、主成分分析、联合分析等；此外，还有一些课程教金字塔底层的营销、非营利组织的营销。这几年，哈佛商学院甚至有一堂很热门的课，以正子断层扫描仪显示不同广告图像对人们大脑内血液流动的影响。

但是，我们并未提供正确的工具给那些负责创新的商学院学生和管理者，于是，他们不得不借用那些基于其他目的而设计的工具进行创新。即使大家投入了很多心力，到最后他们也觉得成功创新纯粹是凭运气罢了。你是不是经常听到大家说，某个商品热卖只是恰好天时地利人和？其实我们可以做得更好。

这 20 年来，我不断改进用户目标达成理论，让它切实帮助企业高管们创新。用户目标达成理论有一些支持者，包括和我创立提供策略与企业成长咨询服务的Innosight咨询公司的合伙人，以及以用户目标达成理论为基础提供咨询服务的莫埃斯塔。多年来，本书两位合著者、Innosight的资深合伙人邓肯和尼尔森公司的霍尔，他们几乎天天和客户运用这套理论。我们在同事及意见领袖的协助下，一起把这套理论设计得更臻完美，并在本书中呈现出来。

检视这套用户目标达成理论时，大家可能会有不同的意见，我们欢迎大家一起讨论。也许每个人的用字遣词都有不同，或是在为自己的任务寻找恰当的方法时，大家会强调各自不同的方法。不管怎样，我们衷心希望这本书可以为“用户目标达成理论”提供一套通用的语言，以便强化和增进我们的共同理解。我们深信，用户目标达成理论可以帮助大家有效地了解用户行为的因果机制，这是促成创新成功的最根本要素。

回顾近几年最出人意料的一些成功创新的个案，我敢打赌他们都是因为找出了用户想要解决的任务，然后才提供相应的产品或服务，帮助用户完美地完成了任务。以优步（Uber）的惊人发展为例，尽管受到有政府支持的各国竞争者的顽强抵制，优步依然在世界各地蓬勃发展。我们稍后会看到，优步所做的，就是找出都市运输中待解决的任务，然后提供服务去应对这个未满足的需求。

人们从创新成功的故事反推成功因素，就很容易自圆其说（虽然我确实觉得，历史上多数创新成功的背后都可以找到某项被定义完善的任务），我们不想事后分析这些成功个案。在后续几章中，我会说明如何运用这个理论来彻底改进创新，使创新变得可以预期，而且可以在现实生活中复制。对你来说，用户目标达成理论的价值不在于能解释过去的成功，而在于可以预测新的创新实例。

你可能会问，如果用户目标达成理论真的那么强大，为什么使用这个理论的公司并不多？我们后面会解释，我们所谓的“用户目标”是非常具体、明确的，这不是泛指用户想要或需要的东西，也不是新的流行术语。找到并了解用户想要完成的任务，然后开发合适的产品或服务，这需要下一番功夫。

用户目标达成理论的结构有好几个层级，它可以确保企业开发出来的产品不仅用户想要购买，而且愿意付出高价来获取，我们会在书中详细说明。找到并了解用户想要完成的任务是关键所在，但这只是开始而已。

当你发现并了解用户想要完成的任务之后，就需要把这些观点转变成蓝图，以引导产品或服务的开发。这需要你为产品或服务创造出一套完成任务的体验（第 6 章有详细讨论）。最后，你必须确保已经具备整合公司的能力和流程，继续成功地完成任务（见第 7 章）。创造出适合的体验，并把体验整合到公司的流程中以完成任务，这是拥有竞争优势的关键。因为竞争对手若想模仿产品也许很容易，但是它若要复制那些充分整合在公司流程里的体验则很困难。

不过，这一切需要全面的努力，从一开始找出用户目标的原始洞见，直到最后把产品交到用户手中，这牵涉企业每一个人的决策和影响力。即使伟大的创新者非常清楚用户购买产品和服务是为了完成某项任务，他们也很容易在这个过程中迷失方向。净资产回报率的压力、立意良善的效率要求、前台营运的日常决策，这些因素都可能深深影响企业提供完成任务所需的最好方案的能力（我们将在第 8 章讨论这一点）。在这个过程中，很多地方都有可能出错，但是如果能以正确的方式去完成，那么回报则相当大。

世界上最成功的创新者大多会从异于常人的独特视角来观察问题。例如，为什么赫兹租车公司没能率先想出 Zipcar 汽车共享平台之类的概念？柯达早在马克 · 扎克伯格想出脸书网（Facebook）以前，差点儿就开发出类似的产品。在哈姆迪 · 乌鲁卡亚打造出如今年收入达 10 亿美元的乔巴尼（Chobani）酸奶品牌以前，各大酸奶制造商都知道消费者可能对希腊酸奶有需求。美国电话电报公司

（AT&T）在 1964 年的世界博览会上推出“影像电话”，比苹果公司的iPhone手机早了好几十年。卓越的创新者不是根据现况来预测未来的走向，而是逼着自己跳出既定的假设，去思考是否有更好的方式。

【重点摘要】

- 颠覆性创新理论（也就是创新的竞争反应理论）为想要应对威胁和机会的企业高管提供了宝贵的洞见，但它无法回答一个关键问题：企业为了持续增长该如何创新。它并未指引企业去哪里寻找新的商机，或确切指出企业该开发哪些用户真正想购买的产品或服务。
- 本书提出的用户目标达成理论要回答这些问题，并为想要通过创新来寻求成长的企业提供清楚的指南。用户目标达成理论首先要解释为什么用户会在生活中使用某些产品和服务：是为了解决某项很重要的任务。这可以进一步解释为什么有些创新会成功，有些则会失败。
- 用户目标达成理论不仅是实用的创新指南，而且提供了一种真正具有差异化的竞争方式，能够为企业带来长期的竞争优势。它也为企业提供了一种通用的语言，帮助企业深入了解用户的行为，使领导者以更精确的方式来表达公司的愿景。

注释

1. 克莱顿·克里斯坦森,《创新者的窘境》(*The Innovator's Dilemma: When New Technologies Cause Great Firms to Fail*). Boston: Harvard Business School Press, 1997.

2. 后来有许多证据显示反式脂肪酸的不利影响(当年我和女儿确实对此一无所知)。用户目标达成理论可以帮助你了解为什么顾客会做出这样的选择。例如,香烟可以帮消费者解决多种任务,但是它对消费者的健康不利。当然,道德选择也一样重要。

3. 也许说它们“毫无味道”不太公平。最近我们全家到缅因州的巴港市度假,那里是举世闻名的龙虾之都,几乎每个街角都有龙虾餐厅。我们全家都爱吃海鲜,因此觉得这个城市简直是人间天堂!我们进了一家龙虾餐厅,看到菜单上有龙虾汉堡。我爱吃汉堡,也爱吃龙虾,觉得把两个最爱的食物凑在一起实在太好了。但是龙虾汉堡上桌时,我发现那只是以面包夹着虾尾,没有色拉酱、塔塔酱,也没有奶油。我咬了一口,意外发现龙虾本身竟然毫无味道!以往龙虾尝起来那么美味,是因为龙虾肉已经在奶油中浸泡过,所以好吃的是奶油,而不是龙虾。这次经验让我感慨:究竟还有多少食材是本身毫无味道的!我想到,这些食材其实是我们打造美味与口感的平台。所以,或许一些餐饮企业的营运方式错了！你可以卖食材，但你也要以更好的获利卖“加味”的汤汁。

4. 美国心脏协会目前建议大家购买无反式脂肪酸的膏状抹酱，而非天然奶油或条状的人造奶油。

第2章

重点不是产品，而是用户想要取得的进步

我们认为自己知道的越来越多，但创新的一再失败，会让我们越发失望。当然，创新没必要碰运气。成功的创新绝非来自了解用户的特质、为产品开发花哨的新功能、追赶时髦，或是模仿竞争对手。为了让创新变得更具可预测性，你必须了解其根本的因果机制，也就是用户在特定的情境中想要获得的进步。这就是用户目标达成理论的功效所在！

听到路易 · 巴斯德这个名字，大多数人会联想到那个让牛奶喝起来更安全的法国化学家，这或许是他对世界影响力的终极象征。在英语中，他的姓氏还变成一个动词“pasteurize”（消毒），但巴斯德的贡献远远不止于此。

若想了解巴斯德所做贡献的革新意义，我们可以想一下古人如何解释“生病”这个概念。有近 2 000 年的时间里，医学界一直认为有四种体液（血液、黏液、黄胆液、黑胆液）主宰着人体的健康与情绪。当这四种体液相互协调时，你便一切安好；当这四种体液不协调时，你就会生病或心情不佳。这就是所谓的“体液学说”。

当时的医生不确定是什么因素导致人类的体液失调，原因有季

节变化、饮食、中邪等，众说纷纭。为了达到体液的协调，他们以实验的方式尝试了各种方法。有些方法如今看来并不明智，例如放血，据说当时医师以放血的方式治疗数百种疾病。有时患者的病情确实好转了，但大多数时候他们的病情反而变得更糟了，医生也不知道为什么会这样。

到了19世纪，大家开始把疾病归因于周遭的“瘴气”或“毒气”。这种说法如今听起来很愚蠢，但“瘴气致病论”其实比体液学说有进步，因为它促进了人们改善卫生的状况，而且确实移除了病原：细菌。例如，1854年，霍乱疫情蔓延整个伦敦，瘴气致病论促使有关当局大举清理化粪池，并启动大规模的空气净化措施。当时，医生约翰·斯诺设法找出新病例的样本，他发现新病例的位置接近布劳德大街的某台抽水机。他因此推断霍乱的传播与那台抽水机有关，所以霍乱不是通过瘴气传播的，可能是水污染造成的。斯诺的研究拯救了无数生命，后来大家公认他是历史上最具影响力的医生之一。

不过，斯诺的分析虽然有进步，但依然未能找出致病的根源。

19世纪中叶，路易·巴斯德进行了一系列关键的实验，他确定细菌（更简单地说是“病菌”）是导致许多常见疾病的原因。巴斯德的研究被大众广泛接纳以后，迅速催生了第一支疫苗，促使抗生素出现，也推动了乳制品食用安全的技术改善。

人类花了数百年的时间想要破解疾病的奥秘，为什么直到巴斯德出现之后，才有如此成功的突破呢？简言之，那是因为巴斯德的研究有助于病菌理论的形成，而这个理论恰好描述了疾病传染的实际因果机制。在巴斯德之前，只有未验证的粗略臆测或是相关性的说法，没有根本的因果机制。巴斯德的研究证明，细菌可以通过空气中、水中、物体上、皮肤上那些肉眼看不见的微生物进行传播，这些微生物会潜入宿主（这里指人类）体内滋长和繁衍。搞清楚导致人类生病的过程，就可以找到避免病菌传播的方法，从而中断这个过程。在这里，人们主要是通过个人及社会卫生的改善措施来中断这个过程。

我们应该深深感谢巴斯德，但他的贡献不仅包括巴氏杀菌法和青霉素等伟大的研究成果，他还彻底改变了我们对生物学的理解，使医学迅速从艺术转变成科学，并在转变过程中拯救了数百万人的生命。

把我们的理解从臆测和相关性提升到因果机制，这是很大的进步。发掘因果机制可以改变我们解决问题的方式，更重要的是，它可以阻止问题的发生。以汽车制造业为例，你上次坐进汽车，担心车子无法发动是什么时候？这可能是很久以前的事了，久到你都想不起来了，但在 20 世纪 80 年代，这还是一件稀松平常的事。

那时，底特律确实生产了不少好车，但烂车也不少，有些汽车不知为何就是毛病一堆。技师进行了修理或是更换零部件没多久，汽车又会出故障。一堆系统问题导致汽车永远修不好，制造商和车主都觉得束手无策。

有一种观点认为，烂车如此常见并不奇怪。通常，一辆汽车有近 30 000 个零部件，很多零部件是预先制造的，例如引擎或座椅。不过，一条典型的汽车生产线会从 70 个国家的数百个供货商那里采购约 2 000 种特定的零部件。从这么多渠道取得这么多部件，再把它们组装成一台可以行驶的汽车，这本身就是一个奇迹。事实上，多年来大家觉得汽车烂得“有理”，是因为它的制造过程本身就充满了随机性，不可能完全不出差错。这种思维就像今天的企业对创新的看法一样。

总之，汽车制造商只能硬着头皮尽量想办法去解决问题。它们会增加库存、检查人员和修理站，以应对层出不穷的问题。但是，这些修理程序又会导致成本和装配的复杂性激增，所以只能暂时缓解问题，但无法找到烂车的问题根源。此外，美国的汽车制造商无意间还设计出了一种生产流程，这种流程很容易导致企业生产出成本高、质量参差不齐又不可靠的汽车。

令人惊讶的是，今天的汽车生产状况完全不是这样。20 世纪七八十年代，日本汽车制造商受到戴明和约瑟夫 · 朱兰的启发，从而大幅提升了汽车的质量。

它们从理论中找到了答案。日本汽车制造商通过不断的实验，找到了造成汽车制造缺陷的原因。它们认为，只要找到每个问题的根源，就能设计出一套避免问题一再发生的流程。这样一来，在生产中就不会重复同样的制作错误，从而持续提升产品质量，大幅降低成本。简言之，日本汽车制造商证明，即使汽车的制造过程极其复杂，只要专注于改善汽车制造的流程，就可以持续生产出优质的汽车。日本汽车制造商基于成本考虑，无法销售出厂后还要持续修理的烂车，既然要制造一般日本消费者买得起的汽车，丰田汽车等公司就必须设计出有异于当时主流的流程：从流程设计上排除缺陷。

日本汽车制造商处理缺陷的方式就像科学家面对异常现象一样，它们把缺陷视为了解缺陷起因的机会，而在这个例子中，就是改善生产流程。它们发现，每一个缺陷都有其特定的原因，一旦找到原因，进行深入了解，就能对其加以纠正，从而改变流程或移除缺陷。

丰田公司开发出可以找出每个缺陷并尽快移除缺陷的流程。只要丰田公司不断地找出制造过程中的“异常”，那么每个缺陷在它的眼中都是改善流程的机会，它甚至制订出一套规则来落实这一举措。例如，使用一个零部件为下一个步骤增添价值以前，员工不得擅自为这个零部件增添价值，而且每次的做法都必须一致。如此一来，管理者就可以确定，每个步骤都会顺利衔接流程中的下一个步骤，从而营造出反复进行科学实验的环境。每次采取一样的做法时，就可以验证按规范制作是否能达到完美的结果。

对丰田公司来说，理论可以具体落实在流程中，这些流程是为了追求零缺陷而被开发出来的。每一步操作都可以被视为一个单独的假设语句：“如果我们这样做，就会得出这样的结果。”在这种制造理论的催生下，质量管理运动应运而生。之后，美国汽车制造厂吸取了日本竞争对手的经验，如今也可以生产出性能可靠的汽车了。

目前，创新仍处于“质量管理革命之前”的状态。[1] 企业管理者认为缺陷、失误和失败是创新流程中不可避免的一部分，他们已经习惯在磕磕绊绊的创新过程中用紧急拼凑的方案修修补补，却忘了要认真思考这些问题背后的根本原因。

“如何思考”，而不是“思考什么”

身为学者，我每年总有数百次会被问到对某些产业或公司所面临的商业挑战有什么看法。我对这些产业或公司并没有特殊的专业知识，但我可以针对这些问题提出我的想法，因为我有一套完整的理论教会我应该“如何思考”，而非“思考什么”。好的理论是解决问题的最好方法，理论可以帮助我们提出正确的问题，以便得到最实用的答案。接受理论（embracing theory）不是指沉浸在学术理论的细枝末节中，而是锁定“什么导致什么”这个极其务实的问题。

理论有它的意见，但没有既定目的。理论不会改变自己的主意，它并非是只适用于某些公司或某些人。理论没有对错之分，它会根据你所处的情境，提出精确的预测。

在我教授的工商管理硕士（MBA）课程“打造基业长青的成功企业”中，我们研究了总经理职责的种种理论。在学生理解了这些理论以后，我们就会用理论来分析企业个案，就像戴上一副眼镜一样，讨论这家公司为什么会遇到这些问题和机会。接着，我们通过理论来预测这家公司未来可能会遇到的问题和机会，以及管理者需要采取什么行动来应对。我认为，好的理论对有效的管理实践来说不可或缺，这也是我提供给学生最有效的管理工具。

多年来，我逐渐得出一个结论：在讨论企业如何成功创新时，我们往往忽略了好的理论。创新真的只能碰运气吗？还是说，因为我们不了解创新成功的原因，所以才觉得创新很难？我看过许多精明能干的管理者苦于应对各种创新挑战及恼人的问题，他们很少思考最根本的一点：究竟是什么原因促使用户购买及使用某个产品或服务？

我认为，用户目标达成理论为这个问题提供了解答。

界定用户目标

我们的理论核心有一个简单但强大的理念：用户其实不是购买产品或服务，而是为了让自己的生活有所进步，因此才把这些产品或服务拉进生活中。我们把这个进步称为“用户目标”。也就是说，用户为了完成某些任务而“雇用”了这些产品或服务。理解这个概念以后，你就会觉得“发掘用户目标”是一种很直观的想法。但是我们提过，我们对用户目标的界定是很精确的。为了总结出一套完整的用户目标达成理论，我们需要先解析这个理论中的所有元素。

• 进步

我们把“用户目标”界定为某人在特定的情境中想要获得的进步。这不仅是把用户或用户的问题加以分类的新方法，而且是了解用户为什么挑选这个产品的关键。我们刻意挑选“进步”这个词，它代表朝着某个目标或愿望前进。用户目标是取得进步的过程，它很少是单一独立存在的。不见得一定是因为有“问题”，才会出现用户目标，不过解决问题及解决此过程连带出现的困难也是进步的一种形式。

• 情境

“情境”这个概念是包含在用户目标中的。用户目标的界定必定和特定的脉络有关，这样企业才能制定出成功的解决方案。在界定用户目标的情境时，你可能需要回答数十个重要的问题，例如“你在哪里？”“什么时候？”“你跟谁在一起？”“正在做什么？”“半小时以前你在做什么？”“你接下来要做什么？”“你受到哪些社会、文化或政治压力的影响？”等。情境的概念也可以延伸到其他脉络因素，例如人生阶段（“大学刚毕业？”“遇到中年危机？”“即将退休？”）、家庭状况（“已婚、单身、离婚？”“家有新生儿、幼儿或年迈的父母需要照顾？”）、财务状况（“债台高筑？”“家财万贯？”）等。情境是界定用户目标（以及找到解决方案）的根本所在，因为进步的性质总是深受情境的影响。

我们特别强调“情境”，并不是吹毛求疵或单纯为了语意，情境是用户目标的根本所在。根据我们的经验，管理者经常忽略了这一点。他们追求创新时，往往只依循产品属性、用户特质、趋势、竞争反应等其中的一个原则，或者是这四者的组合。

问题不在于这些原则不好或是有误（其实这些都是大家最常挑选的原则），而是这些原则不够多，无法用来预测用户的行为。

•功能、社会及情感层面的复杂性

最后，用户目标本来就复杂多元，它不只有功能用户目标，还有社会和情感层面的用户目标。很多创新往往把焦点集中在功能或实际需求上，但用户在社会或情感层面的需求可能远远超过对功能层面的需求。试想你如何找幼儿托管服务，没错，这个功能的用户目标很重要（“能否以适合你生活的方式，在适合你生活的地点，安全地照顾你的孩子？”），但社会与情感层面的用户目标可能对你的选择影响更大（“我要把孩子托付给谁？”）。

用户目标是什么？

总之，“用户目标”有以下几个特点：

- 用户目标是某个人在特定的情境下所追求的进步。
- 成功的创新可以让用户取得想要的进步，解决困难，而且实现未满足的愿望，取代之前有缺陷或不存在的解决方案。

- 用户目标不只关乎功能，社会和情感层面的用户目标也很重要。有时，社会和情感层面的用户目标可能比功能层面的用户目标更强大。
- 用户目标通常都在日常生活中出现，所以界定用户目标时，情境是核心，也是创新的关键，用户特质、产品属性、新技术或趋势等都不是创新的关键。
- 用户目标会持续、反复发生，很少是独立“事件”。

用户目标不是什么？

界定明确的用户目标可以为企业提供一种创新蓝图，它和传统营销里的“需求”这个概念截然不同，因为用户目标对于你想解决的问题定位更加明确。需求是一直存在的，所以相对比较笼统，例如“我需要吃东西”是一个几乎永远成立的叙述。“我需要感觉很健康”“我需要为退休储蓄”等需求对用户很重要，但是，由于这些叙述过于笼统，因此对创新者来说方向非常模糊，他们不知道该如何满足这些需求。需求就像趋势，可以指出大致的方向，但无法确切指出用户为什么会挑选这件商品而不是那件商品。光是“需要吃东西”无法促使我去挑选某件商品，甚至无法促使我去吃东西，我可能会基于某些理由省去一餐。而且，需求本身无法解释所有的行为，比如，我可能基于许多理由，在完全不饿时吃东西。

用户目标达成理论会考虑比较复杂的情境。例如，我需要吃东西的情境，以及当下对我很重要的其他需求可能千变万化。回想一下之前奶昔的例子，我可能为了生活中的某个用户目标而买一杯奶昔。某些特殊情况下的某个需求是促使我选择奶昔的原因，这个需求不只包含功能层面的用户目标（“我饿了，需要吃早餐”），也包含社会和情感层面的用户目标（“我独自在漫长无聊的上班路上，想找点儿乐子，但是万一有同事看到我一大早就喝奶昔，我会很尴尬”）。

在这些情境中，有些需求的重要性超越了其他需求。例如，我可能会把汽车开进汽车穿梭餐厅的通道（以免被熟人看到），买一杯奶昔在上班途中喝。但是在不同的情境中（例如晚餐时间，我带着儿子，我想当个宠孩子的好爸爸），每个需求的相对重要性都会让我基于全然不同的原因而买奶昔，或是改用其他的选项来完成任务。

而且，很多企业在无意间只为了满足一个非常笼统的“需求”从而开发出许多创新，例如狄·卡门发明了两轮电动车赛格威。尽管卡门发布这个“最高机密”时获得了媒体的疯狂报道，媒体也宣称这款产品将永远改变个人交通运输的方式，但是不论以什么标准来衡量，赛格威都是失败之作。它只是为了满足更有效率的个人运输需求而构思出来的产品，但这是为了谁的需求而开发的？谁何时会有这种需求？为什么？此产品在什么情境下使用？当一个人想要以更高效的方式抵达某地时，当下还有哪些重要的因素？赛格威是一款很酷的发明，但它并未解决很多人想要完成的任务。我偶尔会在波士顿的观光景点或购物中心看到赛格威的踪影，但是相较于它上市时掀起的媒体热潮，很少有人认为它是生活中的必需品。

相对于“需求”，在光谱的另一端是我所谓的“生活指导原则”（guiding principles of my life），即生活中和需求一样始终存在的首要主题。比如，我想当个好丈夫，成为教会重视的成员，激励我的学生等。就日常生活需要做出的种种选择来说，这些都是非常重要的指导原则，但它们并不是等着我去完成的日常任务。“让我感觉自己是个好爸爸”不是等着我完成的任务，这件事对我来说很重要，但它不会促使我去选择某个产品来使用。这个概念太抽象了，一家公司如果不了解我想在哪种情境中达到这个状态，它就无法开发出某个产品或某项服务让我感觉自己是个好爸爸。我想使用的产品或服务，应该能在某种特定的情境中帮助我排除那些阻碍我达成目标的障碍。我在生活中遇到的种种任务，合起来就是我的生活目标，但它们和那些任务并不是同一件事。

遇见用户目标

由于用户目标本来就复杂且多元化，面对用户解决问题时所搜集的信息，我们很难将其分解成一笔笔的数据，再输入电子表格进行分析。实际上，若要清楚地看出用户目标并完全勾勒出用户目标的特质，这是件相当棘手的事。用户目标洞察（jobs insights）其实是一点一点拼凑起来的，它更像一个故事，而非统计资料。当我们把有情景、前后连贯的用户活动观察拆解成一项项二分法的数据时（例如“男／女”“大公司／小公司”“新用户／老用户”），在这个过程中我们也破坏了其中的意义。用户目标达成理论不在乎用户是否介于40岁到45岁之间，也不在乎用户当天挑选了什么口味的奶昔。用户目标达成理论的焦点不是放在“谁”做了某件事或做了“什么”，而是着眼于“为什么”。了解用户目标是为了把各种洞察凝聚成一个连贯的全貌，而不是细分成愈来愈浅薄的片段。

我和大家分享用户目标达成理论时，大家往往觉得它直观易懂，而且一目了然，因为这个理论套用在任何情境中都说得通。人们可以轻易地联想到生活中有哪些等待解决的任务，以及一些用错了方法以致白费力气的情况。我也知道，想要熟悉用户目标达成理论并付诸实践需要下点儿功夫，毕竟它不同于许多管理者多年来养成的习惯。

我们发现，有一种方法对于“发掘用户目标”很有帮助，比如，你可以想象自己正在拍一部纪录短片，记录某人在特定的情境中追求进步的状况。

这段纪录短片应该能捕捉到以下的基本要素：

（1）此人想要取得什么样的进步？想要取得的进步有哪些功能、社会、情感层面的用户目标？

例如，许多人的生活中常出现以下的任务：我希望我的微笑能让我在工作及生活中给他人留下良好的第一印象；或者，很多管理者对以下的叙述可能深有同感：“我希望我带领的业务团队能更好地达成工作目标，人员的流动率也能下降。”

（2）困扰发生在什么情境？是谁、在何时、在哪里、做什么？

“我每年两次看牙医，也清洁了牙齿，但牙齿看起来还是不够白”或“每周都会有业务员说他做不下去了，想要辞职，我有一半的时间都在招募及训练新人”。

（3）取得进步的障碍是什么？

例如，“我试过几种美白牙膏都没什么效果，它们都是骗钱的东西”或“我已经试遍各种员工激励法，从奖金制度到外出联谊活动都试过了，我还为员工购买了各种培训工具，但他们仍然无法告诉我问题出在哪里”。

（4）消费者是否勉强接受了不完美的方案，自行拼凑出变通的方法？他们是否购买及使用无法完美完成任务的产品和服务？他们是否使用了以多种产品勉强拼凑出来的变通方法？他们是否忍受着不便，得过且过？

例如，“我买过一种昂贵的家用美白套装，但我必须整夜戴着讨厌的牙套，而且牙齿感觉很酸……”或“我必须花时间亲自推销，但我哪有那么多时间！”

（5）如何定义好的“质量”？用户愿意用哪些“取舍”来换取更好的质量？

例如，“我希望获得专业牙医美白的效果，但成本不要那么贵，过程不要那么麻烦”或“我可以选择购买的产品和服务很多，但没有一个能帮我达到想要的效果”。

这些细节并非随口说说，其中蕴含着丰富的脉络和意义，回答这些问题可以帮助你充分掌握用户目标的复杂性。就这层意义来看，用户目标达成理论是一套整合的工具。只要你能找到追求进步时所面临的困难，就可以推知这项任务的背后所潜藏的社会及情感方面的用户目标，这些用户目标不仅务实，而且非常重要。试想一下，下午我和儿子站在快餐店里的情景和早上开车去买奶昔的情景是截然不同的。

我们从用户目标达成的视角来思考一些近些年创业成功的个案。以爱彼迎为例，仅从功能用户目标看爱彼迎的话，它的目标是为出差的人提供落脚之处。从这个层面来看，它是在和酒店或旅馆竞争。以酒店或旅馆的质量标准来看，爱彼迎是远不如酒店或旅馆的选项。谁愿意付钱睡在陌生人家中的临时床垫或空床上，而不是去酒店或旅馆享受个人隐私呢？

事实证明，这种人还挺多的。

大家使用爱彼迎不只是为了在某个地方过夜，而是因为在某个地方过夜可以参与某件他们想参与的事，还可以拥有比全球一体化的连锁酒店更真实的实地体验。

爱彼迎一开始是其共同创始人布莱恩·切斯基为解决生活中需要完成的任务。大学刚毕业时，他在旧金山快付不起房租了，更别说是买门票去看当地举办的一次设计大展了。当时他发现，当地的酒店都已经爆满，他意识到肯定有一些跟他一样的年轻人也很拮据，于是他想到自己可以“出租”公寓里的三个床垫来筹措门票钱。他认为，如果自己到其他城市参加设计展时，也会租用这种床垫。他很想参加设计展，又不想像游客一样造访某地，或为此欠下大笔信用卡债务。

尽管以传统的标准来看，爱彼迎不如酒店或汽车旅馆，但这并不表示在追求进步方面，爱彼迎不是更好的选项。用户选用爱彼迎的情境，和他们选用酒店的情境截然不同。[2] 爱彼迎的竞争对手不只是酒店，它也为“借住朋友家”或“干脆放弃旅游”的人提供了另一种选择。

表面上看来，爱彼迎是一个大爆冷门的成功案例。领英（LinkedIn）的创始人及爱彼迎的投资人里德·霍夫曼表示：“一开始大家都说：‘你疯了，竟然创办这种公司！谁会想使用这种服务？只有疯子才会租用陌生人家里的房间！’但实际上，只是你目前没有看见这种用户目标而已。”

在这本书里，为了简便起见，我们以“用户目标”泛指各种用户想要解决的任务。但我们必须强调，界定明确的用户目标有很多层面，而且是复杂多元的。这其实是好事，为什么呢？因为这表示完美地完成某项任务可能不仅需要开发一种产品，还要为这项任务的许多层面设计并提供一整套的体验，然后把这些体验整合到公司的流程中（稍后会深入探讨）。当你把这一切都做好时，竞争对手就无法模仿你了。

改变竞争格局

这里必须强调一点，我们不是要“创造”用户目标，而是要去发掘用户目标。用户目标永远存在，但是达成用户目标的方式可能会随着时间的推移产生很大的改变。例如，想想“远程分享信息”这件事，其根本用户目标没有变，但我们达成用户目标的方式变了——从驿站邮递到电报、航空邮件、电子邮件等。

又比如说，数百年来，青少年总是想不受父母的干预互相联络。多年前，他们会在学校的走廊上传纸条，或是把电话线拉到家中最远的角落去偷偷讲电话。但近些年，他们开始使用智能手机上的应用程序Snapchat来传递信息，而且信息一旦被读过就会即时删除，他们也使用很多工具，这些都是几十年前人们难以想象的技术。Snapchat的开发者非常清楚青少年想要的用户目标，所以他们开发出这个绝佳的解决方案。但是，这并不表示Snapchat就没有其他竞争对手的威胁，其他对手可能更了解青少年在某些情境下的社会、情感、功能方面的复杂用户目标。

我们对用户目标的了解永远可以更加精进，采用新科技可以改善达成用户目标的方式，但重点是你必须把焦点放在了解用户的根本目标上，而非沉溺于为了用户目标所想出的某个解决方案。

对创新者来说，了解用户目标就是了解用户在追求进步时最在乎什么。用户目标达成理论让创新者从“哪些效益是必要的、哪些效益无关紧要”等选择中做出无数详尽的取舍。了解特定情境下的使用标准，可以形成全然不同的重要洞察。最重要的是，竞争局面很可能和你原先所想的截然不同。

这里可以举个例子说明。抽烟的人休息去抽根烟时，就某种层面来说，他可能只是为了满足烟瘾，这是功能用户目标。但是，抽烟不只是为了解决他的烟瘾，他也是为了放松，这就是情感用户目标。如果他是在一般的办公大楼上班，他只能去户外的指定抽烟区，这也兼具了社会用户目标，他可以暂时抽离工作，与烟友闲话家常。从这个观点来看，大家使用脸书网也是基于同样的原因。他们在上班时间登录脸书网，暂时脱离工作，休息几分钟，同时思考其他的事情，感觉像和远方的朋友聚在虚拟的茶舍聊天。就某些方面来说，脸书网和抽烟是在同样的用户目标上竞争。抽烟的人究竟要选择哪一种，则由他当下所处的情境而定。

管理者和行业分析师喜欢简化“竞争”的框架，把同类的公司、产业和产品归为一类，例如可口可乐与百事可乐竞争、索尼游戏机与微软Xbox竞争、天然奶油与人造奶油竞争。这种竞争局面的传统视角，将创新的相关性和可能性紧紧限制住了，因为它强调要与标杆企业比较、不能落于人后。从这种观点来看，抢夺市场占有率的机会似乎很小。大多数公司只能在零和博弈里，为几个百分比的市场占有率争得你死我活。

但是，从用户目标达成理论的观点来看，竞争不只限于同类产品。最近传奇的创投业者约翰·杜尔问网飞（Netflix）的首席执行官里德·哈斯廷斯：“网飞是否跟亚马逊竞争？”他回答：“其实我们是在和你放松时做的每件事竞争——我们和电子游戏竞争，我们和饮酒竞争，酒是个特别顽强的竞争对手！我们也和其他视频网站以及棋版游戏竞争。”

当你从用户目标达成理论的观点来看待竞争格局时，你就会看到全新的样貌。这也许会令人不安，但也充满了新的潜力。

例如，宝马集团一直认为自己是代表“高性能汽车”的品牌，甚至一度大言不惭地宣传它的产品都是“男人的车”。但是，2008年经济衰退后，汽车业遭受重挫，宝马集团的领导团队开始退一步评估用户买车的用户目标，他们的研究结果彻底改变了宝马集团自己对竞争环境的看法。在环保节能车的需求跃居首位（例如加州刚通过法律，禁止未来使用内燃机），城市化的趋势兴起，以及年轻人越来越不愿意费神去考驾照的大形势下，宝马发现消费者真正想要的用户目标是移动性：让我轻松从A点抵达B点。

没错，宝马集团是在和传统的高级车竞争，但它也在和特斯拉、优步、共享汽车平台Zipcar、谷歌的无人驾驶电动汽车，以及（据传苹果正在开发的）电动汽车竞争。“我们发现，我们在与18个月前连名称都不知道怎样读的公司竞争，”宝马集团的全球品牌管理与营销服务总监史蒂芬·奥尔索斯说道，“我们必须把比较标杆放到汽车制造产业之外。”

这样，宝马集团不仅推出电动混合动力的BMWi产品线，也促成了DriveNow计划（类似Zipcar的共享系统，已经在柏林、维也纳、旧金山、伦敦等地推出）。奥尔索斯说："我们已经从供给面的视角转变成需求面的视角。"实际上，这就是从销售产品转换成用户目标导向。以往汽车制造商习惯把经销商视为主要的用户，但这个框架带动了彻底的改变。从此以后，"用户"是谁，以及用户在乎什么也跟着彻底变了。当然，宝马集团对创新的观点也随之全面改变。

宝马集团并非特例，如今很多从业者显然都在抢着了解消费者的用户目标。2015年的下半年，福特汽车的首席执行官马克·菲尔德斯告诉员工："我们不只是一家汽车公司，也是一家移动公司。"通用汽车投资了新型汽车服务Lyft，并于2016年年初宣布推出共享服务Maven。通用汽车投资的Lyft计划，有一部分是参与开发按需供给的无人驾驶汽车网络，这也是谷歌、特斯拉、优步都已投入大量资源研发的领域。

从用户目标达成理论的观点思考未来的走向[3]，每家公司都必须从这个角度去了解复杂多元的用户目标，接着必须根据用户解决日常任务的体验，思考及打造产品，帮助用户在寻求进步的过程排除障碍。了解用户目标且能最有效帮助用户完成任务的从业者，就能获得竞争优势。

一家公司如何了解与落实这个新观点，将决定此公司的新尝试在未来有多成功。如果你不知道真正的竞争对手是谁，又怎么可能创造出用户认为比其他的潜在选项更好的方案呢？

用户目标达成理论的局限

用户目标达成理论并不是解决一切问题的答案，问题的性质决定了用户目标达成理论能否成为了解问题起因的最好方法。每个理论都是如此。

成熟周密的理论，也就是那种真的可以解释“什么因导致什么果”的理论，不是一夕之间研究出来的，而是需要不断地打磨、测试、改进，而且必须了解它适用于哪种情境，以及不适用于哪种情境。不过，即使一个理论无法应用在某些情境中，它仍是有价值的，因为当你知道某种理论对于解释某件事没有帮助时，你就会改用其他理论以寻求更好的答案。这就是一个好理论的特质，它是以假设语句来提出建议的。

以人类开始尝试飞行为例。早期的研究人员观察到羽翼和飞行有强烈的相关性，所以他们一开始尝试的飞行方法便是模仿鸟类的飞行，直到瑞士裔的荷兰数学家丹尼尔·伯努利提出了“伯努利定律”，我们才了解到“升力”的重要性。这个概念是说，空气流过所谓的“翼切面”时，其下方的空气就会撑起翼切面。鸟类的翅膀就是翼切面，所以翅膀下方流过的空气推动它们升起。这样的认知促成了我们现在看到的飞机机翼的诞生。

不过，即使科学家知道是升力促成飞行，而非羽翼或羽毛促成飞行，他们还是要通过实验，不断地试错，改进因果机制，这样才能设计出成功的飞行器。飞机坠机时，研究人员会问：“究竟是飞机的设计有问题，还是使用的材质出了问题？又或者是飞行员所处的情境造成的（此情境需要不同的规则和技巧才能避免坠机）？”如今，航空业采用的因果机制已经非常先进，工程师和飞行员不仅能保证飞机起飞，还可以精确地界定飞行员在各种可能的情境下（例如天气不佳、气压高低等）需要依循怎样的规则。由此可见，情境很重要。

在建构理论时，我们需要以开放的心态找出理论无法解释的东西，也就是找出异常现象，并把这些异常现象视为强化理论的机会。例如，我们知道，如果用户解决问题时不需要费心思考，或是现有的解决方案已经够好了，用户目标达成理论就不是那么有效了。如果决策几乎完全靠数学分析，例如原材料商品的交易，那么用户目标达成理论也不太实用了，因为成本或效益并不是用户目标达成理论的核心要素。在这些情况下，寻求进步不需要考虑复杂的社会、情感、功能方面的需求，只需要做出理性的决策，计算机就可以轻易处理。

本质上，理论是一种观点：我们提议，这套流程有助于开发成功的创新。但是，如果别人有更好的流程，可以提供更稳定更成功的创新，我们在不断改进这个理论的同时，也很乐于接纳其他人的观点。

不过，在有人提出更好的理论之前，我们相信用户目标达成理论可以帮助你把创新从碰运气的活动，变成可预期的努力。机会、竞争对手，以及用户最在乎的东西看起来都会截然不同，而且非常清晰。从此以后，你的视野不再一样了。

哥白尼式的革命

亚里士多德的学说主导科学界的思维将近 1 800 年，他对宇宙的观察和理论普遍获得了各界的采纳，中世纪西方世界最强大的组织天主教会甚至把他的学说奉为绝对真理。他的重要理论包括：所有的“天体”都绕着地球运行，所以我们只要观察其他的行星循着亚里士多德所说的轨道移动，就能预测这些行星的动态。亚里士多德是一位影响力深远的思想家和哲学家，上千年来他的观点几乎没遭到过质疑。

然而，有一个问题。古代的天文学家试图绘制及预测地球周围行星的运行时，却怎么也测不准，他们为此提出了相当啰唆的解释：行星确实是绕着地球运行的，但是在这些轨道内，行星也以托勒密所谓的“本轮”移动（亦即圆圈里的小圆圈）。根据这种复杂的运转规律，他们依然可以预测行星绕着地球的运转，只不过即使考虑到复杂的本轮组合，最精确的计算所预测的移动依然有误差。最好的模型预测出来的东西，仍然有多达八角分的误差。虽然大多数人觉得这已经足够精确了，但这种模式其实并不正确。

由于亚里士多德是公认的宇宙权威，中世纪的科学家和思想家费尽心力想要让本轮这套理论成立。直到16世纪，文艺复兴时期的天文学家哥白尼才以简单但意义深远的论点，重新建构了我们的宇宙观：行星不是绕着地球运转，而是绕着太阳运转。这个理论，终于为历史上一些最重要的进步以及现代天文学和微积分奠定了基础。

人类等了1 800年，才出现哥白尼这样的人——他发现了亚里士多德的逻辑缺陷并清楚地阐明真相，而且哥白尼过世时并不知道世人是否会接纳他的论点。推翻根深蒂固的世界观通常不是一蹴而就的，即使真的推翻了，也需要时间去改进正确的新观点。

在创新的世界中，许多企业都深陷在自己创造出的“本轮”里，以复杂的近似值、估计值和推算法来自圆其说。我们通过搜集、微调、交叉比对各种数据，以为自己应该越来越擅长预测，但是如果我们不了解用户为什么做出这些选择，我们就只是擅长使用本质上有缺陷的流程罢了。

在不了解创新的因果机制下，企业拼命地想了解宇宙怎样绕着地球运转，它们只能依赖从其他企业借鉴的一些最佳实践、概率工具和可行的技巧，但是不能保证一定会成功。当你从用户目标达成理论的视角观察创新时，你会看到创新宇宙的中央不是用户，而是用户心中的用户目标。这两者的区别似乎很小，也许只差一点点，但影响却非常大。事实上，视角一改，一切都截然不同了。

【重点摘要】

- 很多商界人士把“理论”视为纯学术或抽象的概念，但事实并非如此。对企业的领导者来说，说明因果关系的理论是最重要、最实用的工具。
- 创新这个领域急需更好的理论，尤其是用来回答以下根本问题：“是什么因素促使用户购买及使用某种产品或服务？”
- 用户目标达成理论可以回答这个问题，它认为用户购买和使用（或雇用）产品或服务，是为了完成生活中的某个任务。用户目标就是用户在某个情境下想要获得的进步。
- 这个定义是具体的，也是重要的。想要充分了解用户想要完成的任务，我们需要了解用户在某个情境中想要获得的进步，并了解这个进步在功能、社会和情感方面的用户目标，以及用户愿意做出的取舍。

- 一旦了解了用户想完成的任务，我们就可以清楚地看到自己面对的真正的竞争对手。它可以为创新提供重要的信息，使你开发的创新方案比竞争对手的方案更具吸引力。

【领导者的思考题】

- 你知道用户选择你的产品或服务的真正原因吗？或者，你知道用户选择其他产品的原因吗？
- 你的产品或服务如何帮助用户在生活中取得进步？他们想在什么情境中取得进步？哪个进步能达到功能、情感和社会层面的哪些效果？
- 在满足用户想要完成的任务方面，你的产品和服务面临着哪些竞争对手？在传统的产业观点外，你还有其他的竞争对手吗？

注释

1. 在了解大企业如何做出系统化创新方面，我们已经看到了一些进步。本书的合著者邓肯和Innosight公司的执行合伙人史考特·安东尼详细说明了运作完善的创新系统有哪些组成要素及运作方式，并称它们为“成长工厂”。他们的研究为一些世界500强企业培养了全球创新的能力，还有一些朋友也帮助我们了解到如何做出系统化创新，尤其是塔克商学院的维杰·高文达雷简。不过，用户目标达成理论是把焦点放在不同的问题上：“什么因素促使用户购买及使用某种产品或服务？”你需要一个理论来回答这个问题，才能确保你打造的创新系统是朝着正确的方向发展的，而且是投入其中最有可能成功的创新。参见Anthony, Scott D., and David S. Duncan. *Building a Growth Factory*. Boston: Harvard Business Review Press, 2012。

2. 这是爱彼迎早年的状况，近几年爱彼迎在更高层次的市场中找到其他的用户目标，并在那些领域里经营得很好。

3. 有一种工具叫“发现导向的规划”，它可以帮助企业在投入太多的资源以前，先检测回应用户目标的策略是否有效果。这可以迫使企业搞清楚在哪些假设已经证明成立时，策略才能成功。这套流程的设计者是学者伊安·麦克米兰和莉塔·麦奎斯，他们把这个流程命名为“发现导向的规划”，更直白的说法是：“如果这样做有效，那么你要先证明什么是对的？”大多数公司在考虑是否追求新的商机时，它们很少问这个问题，所以从一开始就在无意间种下了失败的祸根。它们根据最初的预测做了投资决定，但从未测试最初的预测是否正确。等到投入很多资源以后，它们才去调整预测和假设来配合实际发生的状况，而不是在投入太多的资源以前先测试，再做周详的选择。

每个失败的项目几乎都是因为预测和决策所根据的假设有误，但是企业发现假设错了，为时已晚。这时，资金、时间、精力都已经大举投入项目中，所以团队必须交出成果。没有人想回头对高管说：“您还记得之前我们做的假设吗？后来我们发现假设不太正确……”所以，公司核准的项目是根据不正确的猜测，而非因为这个项目最有可能成功。

第3章

重新发现用户目标

用户目标达成理论不只是一种结构或营销方法，它也是卓越企业促成颠覆性创新及转型成长的强而有力的切入视角，它适用于各种领域。用户目标达成理论将重新定义你所处的行业、你竞争的市场规模和模式，以及竞争对手，让你在原本以为没有用户的地方看到用户的踪影，为层出不穷的问题找到解决方案，并在意想不到的地方发现新的商机。

2015年，保罗·勒布朗校长站在南新罕布什尔大学的应届毕业生面前，准备脱稿演讲。这是当天的第三场毕业典礼——由于毕业生和家属的人数实在太多，12 000个座位的体育馆无法一次容纳所有的人，所以校方必须分三次举行毕业典礼。不过，这次勒布朗校长不再讲同样的笑话，也不再上演毕业典礼上的老生常谈，他露出大大的微笑，看着眼前这群穿着毕业袍、戴着毕业帽的学生。

他问道："如果你当过兵或正在当兵，又是今天的毕业生，请站起来。"约一半的毕业生站了起来。"如果你跟我一样，是家中第一个大学毕业生，也请站起来。"剩下的学生中又有大约一半站了起来。"如果你今天拿到学位，而且有孩子，请站起来。"这时，几乎所有的毕业生都站起来了。勒布朗向来是个沉着优雅的演讲者，这时他突然哽咽起来，现场的观众纷纷为他喝彩。

对当天的毕业生来说，克服一切难关，拿到这个学位是很了不起的。勒布朗后来回忆道："他们肯定了自己，他们知道这一切来之不易。为了获得学位，他们必须面对经济压力、忙碌生活、学识不足、缺乏归属感等种种难关，而他们都努力撑了过来。"

当天在体育场内的人只是一小部分。事实上，南新罕布什尔大学绝大多数的学生都不会踏进这个位于新罕布什尔州曼彻斯特的小校园，但是这并未阻止这些学生达成自己的目标。事实上，2016 学年结束时，很多学生选择去南新罕布什尔大学就学，这所私立学校的营收已逼近 5.35 亿美元，过去 6 年的年均复合增长率高达 34%。南新罕布什尔大学不仅被《美国新闻与世界报道》等刊物选评为美国最创新的大学之一，它还荣登《高等教育纪事周刊》的最佳职场榜单。2012 年，《快公司》杂志把南新罕布什尔大学评选为全球最具创新性的组织之一，其排名超过领英、星巴克、美国国家橄榄球联盟。

十年前，无论是对南新罕布什尔大学的学生或校长来说，这一切似乎都不可能发生。2003 年勒布朗刚接任校长时[1]，这所创校 70 年的大学仍是一家毫无名气的二线大学。它最早是一所会计与秘书学校，后来发展成混杂烹饪、商业、司法课程等多项专科的学校，只有几千名学生。

当时，全美各地类似的大学都陷入严重的财务困难，它们或关闭或并校，以维持生存。2008 年开始的经济萧条使情况变得更糟——入学人数开始下滑，学校的预算压力大到无以复加。那个时候，勒布朗来到哈佛商学院，他上了我开的一门课程。每年我都会为领先市场的企业开一门课，指导他们如何避免陷入创新者的窘境。某天上课时，我们讨论到奶昔个案及用户目标达成理论，勒布朗当时就觉得很有共鸣。

南新罕布什尔大学就像大多数的高等教育机构一样，基本上是以同一种方式看待所有的学生。它长期以来主要的招生对象是传统的学生群体，也就是打算继续升学的 18 岁高中毕业生。它的招生文案基本上是："来到风景如画的南新罕布什尔校园，用合理的学费就能获得扎实的教育。"它的营销和广告都是采用通用的版本，不分情境。学校的政策和授课模式也是为了吸引"典型"的学生而设计的，但所谓的"典型"的学生根本就不存在。这种一体适用的观点让人联想到奶昔案例，只不过是它为"平均"的学生设计了一体适用的教育。

那么，学生"雇用"南新罕布什尔大学要完成什么任务？勒布朗说，校方依靠自问这个问题，就得到了重要的答案。这个问题的答案不是一个，而是两个。

数十年来，南新罕布什尔大学对高中毕业生招生的方式几乎没变过——依赖传统的营销和口碑，以吸引潜在的学生来校园参观，之后校方就开始画大饼，大谈学杂费补助或未来的就业前景。但勒布朗说，从用户目标的观点来看，学生对那些议题其实没什么疑问，家长也许会问那些问题，但学生关注的则是全然不同的东西。学生关注的问题主要和想要获得的体验有关，他们期待那些体验好几年了。"你们有没有值得我全力支持的球队？有没有攀岩设施？我能经常和教职员互动，长谈人生的意义吗？"潜在学生所关注的（“刚从高中毕业、第一次离家”的情境），不是教育的功能用户目标，他们之所以选南新罕布什尔大学，是为了获得成年人的体验。

对每年预期招生 3 000 位青年学子的南新罕布什尔大学来说，它其实有很多的竞争对手。当地有好几家创校已久的大学，例如新罕布什尔大学或富兰克林皮尔斯大学，它们每年锁定的招生目标几乎和南新罕布什尔大学大同小异。在高中毕业生的争夺赛中，南新罕布什尔大学很清楚自己的招生成效——这些年来，它们抢到的学生数量大抵上没什么变化，几乎没什么成长潜力。

但是，南新罕布什尔大学提供了网络教育课程，亦即远程教学。勒布朗说：“那是一个在校园某个不起眼的角落默默运作的课程。”一直以来，这个课程持续吸引了一批年纪较大且想重返校园完成学业的学生。网络课程早在十年前推出，但校方只把它当成兼营的事业，几乎没投入什么资源。

表面上，所有的学生可能看起来都差不多，都是根据他们想要完成的课程加以分类。一个 35 岁想拿会计学位的人和一个 18 岁的会计系学生需要选修同样的课程，对吧？他们不是都需要学费合理的优质教育吗？

与“未消费竞争”

但是，从用户目标导向的观点来看，勒布朗和他的团队发现，那些非传统的学生之所以选择到南新罕布什尔大学就读，其目的和追求成年人体验的 18 岁学生不一样，他们所处的情境全然不同。

网络课程的学生平均年龄是 30 岁，他们平时忙于工作和家庭，因此必须想办法为教育抽出时间。很多人其实已经修过一些大学的学分，但后来基于多种因素休学了。其中有些人往往还有尚未还清的债务，但人生经历驱使他们重返校园。他们意识到，只有取得大学学历，才能改善自己的职场前景，进而改善家人的生活。他们早就拥有了成年人的体验，他们想要的高等教育只需提供以下 4 点就够了：便利性、用户服务、文凭、迅速结业。勒布朗的团队从中看到了巨大的商机。

南新罕布什尔大学网络课程的竞争对手并不是当地同级的大学，他们的竞争对象是美国其他的网络课程，包括传统的大专院校和一些营利性的专业课程机构，例如楷岚（Kaplan）、凤凰城大学、ITT 技术学院等，这些课程都是为了给学生提供训练和文凭，是为了学生未来的求职而设计的。不过，更重要的是，南新罕布什尔大学也要和“未消费”竞争，也就是和“尚未消费”竞争，这是指处于人生的进修阶段却选择不再进修的那些人。转换观点以后，这个市场突然间从规模有限、不值得为之努力的状况，变成了充满未开发潜力的大市场。谁不想竞争未消费的市场呢？

但勒布朗和经营团队很快就发现，南新罕布什尔大学现有的政策、结构和程序，很少有专门为服务网络学习者而设计的。网络课程给这所大学带来不错的年收入（3 200 万美元），但是竟然有那么多学生发现南新罕布什尔大学有网络课程，而且还坚持读到毕业，这真是个奇迹。

以南新罕布什尔大学和潜在学生讨论助学金的方式为例，一般大学面对典型的高中生时（通常是高三的时候），校方就会提供一些有关助学金的基本信息。学生或大学校方都预期，一年后等入学通知确定了，学生正式申请助学金并提出财务证明后，校方才会提供进一步的细节。南新罕布什尔大学设计的助学金问答流程，只是为了和潜在学生轻松地讨论不太急迫的议题，因为他们连回复询问都可能会花好几周的时间。

潜在学生通过网站提出询问以后，他会在24小时内收到预先设定的回应："亲爱的克雷顿，谢谢您的关注……"大约一周后，这位学生就会从邮件中收到信息（校方发送给每位询问者的信息都一样）。然后，和许多大学一样，南新罕布什尔大学只会等潜在学生来电询问，或以其他方式进一步进行追踪。对许多想申请大学的人来说——尤其是即将成年的高中生，这样的系统可能就足够了。南新罕布什尔大学发现，是否申请助学金可能对学生的家长来说很重要，但是对学生挑选大学的目的则不是那么重要。

相反，对网络学习的成年人来说，资金方面的考虑非常重要。他们之所以选择上大学，是希望获得学历，以便尽快改善就业前景。南新罕布什尔大学考虑到这些学生时，才发现以前给所有潜在学生设定好的回应模式有很大的缺陷。成年学生积极上网寻找进修信息时，他已经准备做出决定了。他可能已经考虑继续深造这个问题好一段时间了，对他来说，提出询问已经很接近决策时刻了。

南新罕布什尔大学知道，网络学生通常是夜里趁孩子入睡后，好不容易挤出时间，窝在计算机前搜寻信息的成年人。对他们来说，等24小时才收到预先设定的回应，接着又等几周才收到助学金的相关信息，这跟毫无响应没什么区别。网络学生的需求和即将从高中毕业的传统学生截然不同，但南新罕布什尔大学一直以来都只提供预先设定的选项给所有的学生。

勒布朗和他的团队终于顿悟，关键在于他们终于问对了问题，这使得他们得到了更好的答案。勒布朗表示："当时我们对于学校止步不前感到一筹莫展。但是采用用户目标达成理论之后，我们感到茅塞顿开。"

那么，南新罕布什尔大学该如何改变呢？勒布朗回忆道："几乎全部要改。"而且学校要以两种不同的方式，应对两种截然不同的用户目标。

网络课程从推出以来，一直被当成"二等公民"看待。现在，勒布朗和他的团队把它列为办学的重点。他们把网络招生小组从2英里[①]外的小办公室移到曼彻斯特校园内一座由厂房改建的新办公室。这是一种典型的"破坏者"定位，它能让网络团队在不受大学政策和程序的限制下自由地成长。

接着，勒布朗和他的团队把教授网络课程的20多位教职员找来开会，并将学生首次来信询问到上第一堂课之间的整个入学流程画在白板上。勒布朗说："这看起来像核潜艇的示意图！"他们把这个流程中存在的重重障碍（或无助于排除障碍的做法）圈出来，将焦点放在网络学生重视的任务、所处的独特情境，以及功能、社会和情感层面的用户目标上。接着，他们逐一排除这些障碍，并以能够完美完成任务的体验来取代。

这种用户目标导向的新方法促成了数十个决策，以下是其中几个重点：

（1）用户为了获得进步寻求的体验是什么？

① 1英里≈1.61公里。——编者注

对助学金的询问，校方不再缓慢响应。校方把“24小时内的预先设定电子邮件回复”，改成“接到询问10分钟内，校方就要打电话回复”。在竞争激烈的网络学习世界里，率先和潜在学生通话的网络学习机构，很可能就是学生最后选择申请的学校，所以不能只是做做样子响应而已。

勒布朗说，校方把那通电话视为帮助潜在学生移除障碍的重要机会。“你从通话中可以发现这些学生有很多焦虑不安的问题，所以我们会请训练有素的顾问给他们打电话。这些顾问熟悉相关信息，可以帮助学生排解所有障碍。顾问打的电话可能一谈就是一个小时，或一个半小时。通话结束后，学生已经充分了解我们，而我们知道，他们的入学意愿也有大幅提升。”

（2）需要移除哪些障碍?

潜在学生在几天之内就可以确认自己可以得到何种助学方案，以及可以抵扣多少过去所上大学的学分，这个过程不再拖延好几周甚至几个月。

（3）在社会、情感和功能层面上要求哪些用户目标?

南新罕布什尔大学彻底翻新了网络课程的广告，校方把焦点放在如何帮助成年人达成自己的学习目标上。其广告内容不仅呼应功能用户目标（例如获得有利于职业生涯发展的培训），也兼顾情感和社会用户目标（例如达成目标的自豪感，或实现对挚爱的承诺）。

有一则广告是描述一辆南新罕布什尔大学的校车在全美各地穿梭，并把传统裱框的文凭逐一交给无法到校园参加毕业典礼的学生。镜头切入在家中兴奋接到文凭的毕业生，并配以旁白："你是为谁去攻读这个学位的？"一位女性抱着她的文凭说："为我自己！"一位笑容满面的中年男子说："为了我母亲！"一位强忍着泪水的父亲说："孩子，我是为你而读的！"他的儿子在一旁开心地说："爸爸，恭喜你！"

最重要的是，南新罕布什尔大学发现，帮助潜在学生申请入学只是帮助他们达成目标的开始。为了真正使他们完成进修学习的任务，南新罕布什尔大学必须确保学生达成各自的学习目标。于是，南新罕布什尔大学为每个网络新生安排个人顾问，顾问会经常和学生保持联系，他们能够比学生更早发现危机信号，以便帮助学生持续获得他们想要的进步。"你周三或周四之前没查看本周有什么作业吗？"你的顾问会关心你的学习状况。"你的单元测试的成绩不理想吗？"顾问不仅会打电话询问你在课程上是否遇到困难，也会询问你在生活上是否遇到困难。"是笔记本电脑突然出现了故障吗？"那么顾问可能会给你寄上一台新的笔记本电脑。

南新罕布什尔大学的惊人发展显示，勒布朗和他的团队非常了解这些学生求学想要完成的任务。如今，在那个由厂房改建的网络进修教育大学里有 1 200 位教职员，学生总数超过 75 000 人，遍及全美 36 州及世界各国。勒布朗回忆道："有几次，我们的系统差点负荷不了，因为学生的人数增长得太快了。"南新罕布什尔大学发现学生人数的增长持续加速时，决定放缓招生速度，先强化内部支持和系统。勒布朗知道，如果南新罕布什尔大学达不到学生想要的用户目标，那么这些学生肯定会毫不犹豫地退出，另寻其他选项。

目前，南新罕布什尔大学持续稳健地创造出 10%的盈余，这使它有足够的资金投资基础设施，为员工提供一流的工作环境，同时把学费压低（事实上，过去 4 年，网络学费从没有涨过）。此外，充裕的资金也有助于开发先进的创新课程，例如推出一年收费 2 500 美元的能力本位教育课程，这个课程让学生根据自己在不同学科所展现的能力获得学位，而不是根据上课的课时或必修的学分决定。2013 年，美国前总统奥巴马在纽约州立大学水牛城分校的演讲中，特别提到南新罕布什尔大学为想要攻读学位的学生开发了课程，并提供了经济实惠的选项。

如果当初勒布朗和他的团队没有自问“用户目标导向”的问题，他们就会在偶然间发现促进网络教育增长的好方法吗？勒布朗觉得不太可能。“用户目标达成理论提供了一套共同的语言，让我们在领导团队以及更广泛的校园中开始讨论。”他说，“这个方法真的很有启发性，它帮我们搞清楚自己到底该做些什么。”

锁定没有人做好的用户目标

过去十年，我们和许多公司进行了密切合作。用户目标达成理论帮助这些公司做出了创新转变，它们都是用户目标达成理论的最佳实证。由于用户目标达成理论能够发现促使消费者挑选某些产品的因素，所以这个理论可以用在多种产业和组织上，从最简单的消费性包装产品到复杂的企业对企业（B2B）的产品都适用。在每个案例中，企业去发掘用户做出选择的原因，可以帮助它开发出获得用户青睐的更好的产品和服务。我们举几个例子，后面我们会更清楚地谈到用户目标达成理论是如何被广泛应用的。

例如，一家奶酪公司推出一种新奶酪，听起来似乎毫无创新。

但萨坚托新推出的超薄奶酪切片，第一年的利润就有 5 000 万美元，而且它带动了这类商品的大幅增长，公司第二年的利润超过 1.5 亿美元。为什么这个产品如此热卖，但同年新上市的 3 400 项消费性包装产品大多上市不到一年就黯然退场？因为萨坚托的超薄奶酪切片帮助消费者解决了烦恼：“如何在每天享用的三明治中加入美味的奶酪，又不必为了热量、脂肪，以及连带产生的罪恶感而烦恼呢？”萨坚托的新事业开发处副总裁罗德·霍根解释说，用户目标达成理论能“逼你从消费者烦恼的情境中定义产品，这对大多数的大企业来说既不容易，也不是自然反应”。

2012—2016 年度的《颠覆性创新报告》中，尼尔森追踪了 2 万多件新上市的产品，并列出 92 种第一年营收超过 5 000 万美元且于第二年持续热销的商品（排除近似的延伸产品）。表面上，这份赢家列表看起来毫无逻辑可循，例如国际喜悦公司的冰咖啡、好时公司的迷你巧克力、Tidy Cats 的轻质猫砂等都上榜了，它们有一个共通点：都锁定了一个“以前没有人做好”的用户目标。

富兰克林柯维公司的转型

相对于最简单的消费性包装产品，另一个极端是复杂的企业对企业方案，富兰克林柯维公司就是一例。这家公司成立于 1997 年，由富兰克林奎斯特和柯维领导中心合并而成（柯维领导中心是由畅销书《高效能人士的 7 个习惯》的作者史蒂芬·柯维创立的）。多年来，这家公司的经营几起几落，难以站稳脚跟。2000 年其营业额虽然达到 5.89 亿美元的峰值，但是后来它陆续出售了一些业务（包括招牌商品“富兰克林万用手账”和其他相关手账业务），并精简营运、裁员、重新锁定焦点，2009 年公司的营业额仅剩 1.3 亿美元。这家公司熬过几年经营惨淡的岁月，现在想要加速成长。

富兰克林柯维公司的前董事长鲍伯·怀特曼接下首席执行官一职后，在 3 年间亲自造访了近 400 家使用企业对企业训练课程的现有客户和潜在客户（都是企业客户）。当他造访第八家客户时，突然茅塞顿开。当时，他和某家世界 500 强企业的首席学习官见了面，这家企业运用富兰克林柯维公司的训练课程来培训 3 500 位员工，以加强员工的个人与专业效能。不过，这家公司有 35 000 名员工，其余的人也应该是这套课程的潜在受惠者。怀特曼问道："为什么到目前为止只有 3 500 人受训呢？" 首席学习官解释，他们采买富兰克林柯维公司的课程是为了培养有益于企业文化的思维和能力，但是市面上还有很多的产品可以帮助他们达到这个目的。

人力资源部需要使用多种产品，例如迈尔斯—布里格斯性格分类法、冲突解决方案、授权、谈判技巧、项目管理等方面的培训。当时，富兰克林柯维公司的课程只是人力资源部门使用的许多产品之一，而且富兰克林柯维公司从过去惨痛的经验得知，经济不景气时，公司通常会率先削减学习及培训的预算。富兰克林柯维公司即使开发出更多的新产品，这些新产品若是和市面上的其他选项大同小异，公司能获得的收益也很有限。

那么，企业客户在乎的用户目标是什么？

怀特曼进一步追问：首席学习官采购富兰克林柯维公司的课程及其他公司的课程是为了什么用户目标？怀特曼说，以用户目标达成理论的结构来讨论时，他们发现了一个比最初的想象还要复杂的景象，清楚地指向一个尚未达成的任务。首席学习官的团队虽然喜欢富兰克林柯维公司的学习与培训课程，但内部用户（公司里的高管）最在乎的是：这些课程将如何提升用户忠诚度并带动业务成长？

怀特曼继续走访其他客户时，发现其他客户也一再提到同样的问题：对负责采买培训课程的人力资源部门负责人来说，他们最大的挑战是让公司的领导者意识到，从课程里学到的东西对日常工作很重要。这些购买课程的人希望获得肯定，希望公司里的领导者认可他们对公司的长期目标有贡献，但公司的领导者不见得能看出他们辛苦安排的培训课程对学员有帮助。人力资源部门希望有助于公司落实最重要的任务，他们也希望因此获得肯定。

这个想法促使富兰克林柯维公司花了几年的时间，从客户的用户目标角度来修改、重新思考及定位产品。怀特曼说："这成为我们思考一切的基础。"以前富兰克林柯维公司可以把产品直接卖给人力资源总监或首席学习官。他们的销售团队会找出客户某年可能需要的课程，然后上门推销。但是这种方法有个缺陷，万一首席执行官宣布的优先要务和目标与这些课程不符，人力资源部就不会采购这些课程。于是，富兰克林柯维公司改变了做法：他们不再出售课程，而是改售订阅会员权限，让客户无限取用所有课程和学习内容。此外，这些内容可以整合成学习模块、碎片化分段学习，或让领导人在开会时用来说明重点，并且有多种使用模式。这样一来，首席学习官就可以根据不同的情境使用各种适合的工具："我们有整个课程数据库！今年我们可以帮你完成哪些任务？"

富兰克林柯维公司还根据特定的用户目标，推销对应的流程和体验。就较高层级来说，产品是按用户目标的类别来分类的，例如领导力、执行力、用户忠诚度、销售业绩等。在每个类别底下，还有针对特定用户目标的产品，这些用户目标是以商业结果来衡量的。

例如，某家大型的信息科技设备公司拟采用富兰克林柯维公司的产品来提升业绩，富兰克林柯维公司不仅为它设计了培训课程，还派出一位全职教练进驻总部，以确保这笔超过5亿美元的潜在订单能确实做到流程的改善。怀特曼说："面对金额这么大的订单，一家公司能抢到的单子并不多，所以我们和客户都很重视结果。我们提供给客户的其实是一套流程，而非单一的产品。"也就是说，他们可以衡量投资回报率。

对富兰克林柯维公司来说，用户目标导向的创新意味着什么？它的观点有许多重要的改变，其中包括眼前的竞争格局的变化。它不再只是与其他提供顶尖培训内容的公司竞争，而是主要在自己开创的领域里竞争。

怀特曼说："我们努力围绕着'没有竞争者的任务'来定位自己。"如果企业想改变策略，它们通常会去找传统的咨询公司。但如果企业需要落实某个策略，让一群人把某件事做得更好或更一致，以便贯彻新的战略或达成特定的商业目标（例如使业绩增加数百万美元），富兰克林柯维公司认为，在这样的任务上它几乎没有什么竞争对手。

事实上，怀特曼指出，传统的咨询公司已经成为他们的客户，有些咨询公司会找富兰克林柯维公司帮忙落实自己的新策略。我们稍后会提到，竞争优势的建立不仅源于了解客户想要完成的任务，也源于开发客户想从购买与使用产品中获得的体验；而且，必须建立内部流程，确保客户每次都能获得这些体验，这才是竞争对手难以复制的竞争优势。

相较于过去只和提供培训产品的公司竞争，现在富兰克林柯维公司的成长潜力比以前大了许多。2015 年，富兰克林柯维公司的营业额达到 2.2 亿美元，也就是说，过去 6 年的复合年成长率是 9.2%。

财捷如何发掘小企业的需求？

财捷公司的共同创始人库克是用户目标达成理论的早期采用者，他的贡献也包括定义及塑造这个理论。在财捷，库克的说法是："用户会挑选对生活有最大改进的产品。"不过，我们都认为，其实我们指的是同一件事：用户在特定情境中寻求的进步。他和我及本书的合著者霍尔后来一起为《哈佛商业评论》写了一篇文章，首次阐明了"用户目标达成理论"的概念。[2] 这个理论帮助财捷公司为小企业推出了热卖的QuickBooks会计软件。从此以后，用户目标达成理论就变成了财捷创新策略的指导原则。

QuickBooks后来对财捷的长期增长有很大的贡献，有趣的是，库克说他当初差点儿就错过了开发QuickBooks软件的点子，因为他把焦点放错了地方。多年来，各个小企业用户都使用财捷的个人财务软件Quicken来追踪小企业的账户，这只是变通做法，因为要小企业用户使用个人财务软件并不合理。市面上一些卖得不错的企业软件可以帮助小企业用户做很多事情（例如记分类账、收支总账、过账、关账、借记、贷记等），并以会计术语记账，但Quicken都办不到。既然市面上有功能更多的会计软件，小企业用户为什么还会继续使用Quicken呢？

原来，小企业用户不喜欢使用会计软件，它们只想要一套有效率的财务管理机制，可以开发票、收款和支付账单就够了。它们想获得的进步其实跟它们不想做的事情有关，而不是和它们所做的事情有关。

库克和他的团队发现，在特定的情境中，任务（例如在分类账上做借记）和用户的烦恼是不同的。小企业用户不需要了解复杂的一般公认的会计原则，库克回忆道："一般人不懂那些东西。"它们只想尽快处理账款的进出。库克解释："我们在背后负责处理一切细节。"所以，如果小企业用户想支付一笔账款，那么它在屏幕上会看到一张支票，不需要面对那些令人混淆又烦琐的会计用语。"如果它想看哪个顾客付款延迟了，我们就会把这个功能设计得又快又简洁。"

在这个用户目标上，财捷的竞争对手显然不是市面上那些复杂的会计软件，而是小企业用户的一些决定："要不要雇一个人来管账？还是自己多花点时间处理账目？要建构及使用一般的电子表格软件，或是把所有的收据全丢进一个纸盒里，不需要账目真的平衡？"所以，根据目前竞争软件的销售状态，这个小企业的理财软件市场究竟有多大，仍无法精确地估计出来。财捷抓住的机会是还没找到满意软件的小企业用户，而这个潜在市场更大。

在外界看来，QuickBooks的成功可能令人大跌眼镜。毕竟相较于市面上那些复杂的会计软件，QuickBooks只提供了一半的功能，但其价格却是对手的两倍。然而，QuickBooks一上市就迅速成为在线会计软件的全球领导者，而且持续保持领先的地位。竞争对手把焦点放在尽可能做出最好的会计软件上，库克和团队则把焦点放在用户想要完成的任务上。

清楚地了解用户想要完成的任务，是指企业提供的产品不该超出用户愿意购买取得的功能。相对而言，我们相信用户一旦找到可以实现自己用户目标的产品，他们往往愿意为此支付更高的价格（我们会在本书中持续证明这一点）。财捷公司40亿美元的营业额和250亿美元的市值证明，库克和他的团队十分了解这一点。库克表示："我们要做的，就是帮助用户解决烦恼，我们只做这一件事。"

对用户说："我们懂你！"

财捷可能是偶然间发现了用户寻找的用户目标，但是发掘用户目标其实并不需要碰运气。只要深入了解用户目标达成理论，企业就有能力彻底改变创新及成长的方式。有太多的创新在众所瞩目下推出以后却一败涂地，因为它们大费周章在改进产品上，而这一切和用户想要完成的任务毫无关系，这个过程浪费了大量的资源——大费周章地改进产品，却无法促使用户把产品带入生活中使用。唯有针对用户想要完成的任务设计产品，企业才能站在用户的视角看世界，并对用户说："我们懂你！"

不过，之后我们会看到，发掘尚未圆满达成的任务只是第一步，企业还必须为用户寻找、购买、使用产品的过程打造合适的用户体验，并把这些体验整合到对应的流程中，以确保每次都能给用户提供一致的体验。当你为用户达成他们想要完成的任务时，你的产品基本上就变成了服务。重点不在于你的产品属性，而是你帮助用户获得进步时所提供的体验。

我们相信，这本书的概念不仅能够改变创新的成功率，还能彻底改变企业本身。但首先，企业的领导者必须改变认知。长久以来，企业一直以为创新成功全凭运气，因此接受了在事业的其他方面不可能容忍的失败率。创新不一定是公司内部成功率最低的事情。

【重点摘要】

- 当企业不清楚用户使用产品的用户目标时，可能会推出一套“万能的”方案，结果反而没有人满意。
- 当企业深入了解了用户目标时，就可以锁定用户目标导向的市场，从而开启成长和创新的新渠道，包括因为找不到合适产品而“尚未消费”的群体——他们宁可不消费，也不想购买无法为自己提供完善用户目标的产品。这些未消费的群体可能蕴藏着极大的商机。
- 从用户目标的角度观察用户，可以凸显你面对的真正对手，他们远在你的产业之外，并且往往不是你的传统对手。

【领导者的思考题】

- 用户购买你的产品和服务是想完成什么任务？
- 面对市场追求的特定的用户目标，你提供的是否是一刀切的万能方案？
- 你的产品或竞争者的产品是否提供了太多用户不愿花钱购买的多

余的功能和用户目标?

- 为了获得进步，用户想寻求什么体验? 你必须帮他们移除哪些障碍?
- 你了解用户想要完成的任务以后，又看到了哪些真正的竞争对手?

注释

1. 我曾经担任南新罕布什尔大学的董事。从 2004 年起，我开始担任富兰克林柯维公司的董事。

2. Christensen, Clayton M., Scott Cook, and Taddy Hall. “Marketing Malpractice: The Cause and the Cure” . *Harvard Business Review,* December 2005. https://hbr.org/2005/12/marketing-malpractice-the-cause-and-the-cure.

第二部分

如何有效地应用用户目标达成理论？

"一开始，我以为我们的事业是兴建房屋，

后来才发现，我们的事业是迁徙人生。"

——企业顾问鲍勃·莫埃斯塔

第4章

寻找用户目标

那些等着我们去发掘的用户目标到底在哪里？如何找到它们？答案不在于你使用的工具，而在于你想找什么，以及你如何把观察到的东西拼凑起来。如果你能发现有碍进步的障碍或是令人失望的体验，那么你已经找到了一条线索，创新的机遇就在眼前。以下我们列举几个发掘用户目标的方法：从生活中寻找；从“尚未消费”的领域中寻找；找出暂时的变通做法；关注你不想做的事；找出产品不寻常的用法。创新不见得是生产出新的产品，它更多地是创造出对用户来说新奇且重要的事物。

10 年前，美国底特律的房地产行业日益不景气，一家当地的中型开发商聘请鲍勃·莫埃斯塔帮忙提高新房的销售业绩。这家开发商锁定的客户群是小户型购房者，例如想搬离家人的退休者、离婚的单亲家庭。房屋的定价也是为了吸引这个群体而设定的，介于 12 万到 20 万美元之间，并增添了一些高级的装潢以营造奢华感，例如静音地板、泰威克材质（杜邦研发的高科技材料）的防水地下室、花岗岩台面和不锈钢厨具。买家可以在细节上进行定制，从橱柜的门把手到浴室的瓷砖皆可自行挑选，开发商为此提供了 30 页的选择清单。每周六天，服务周到的销售团队都会在现场等着潜在买家上门。此外，开发商还在各大报纸的周日地产版上大打广告。

然而，即使这些宣传吸引了不少人来参观，但成交量依然乏善可陈。也许采用飘窗设计会好一些？或是加点儿花哨的装潢更有吸引力？进行焦点团体访谈时，参加的人认为这些额外的东西听起来都不错，于是设计师连忙为几间样品房增添了飘窗设计，但业绩依然毫无起色。开发商对于刺激销量已经束手无策了。当时，底特律地区在全美房地产市场陷入低迷以前已经冷清了太久，底特律汽车业的就业机会已经萎缩了数十年，2005 年前后的底特律失业率居全美之冠，几乎是全美平均失业率的 3 倍。由于这家开发商在 14 个区域还有新楼盘正在兴建，所以它必须尽快出售这个楼盘。

开发商虽然为每间公寓的所有细节做了成本效益分析，但实际上它并不清楚“只看不买”和“确实有意购房”的潜在买家有什么差别。随便臆测销售不佳的原因其实不难，例如天气不好、业务人员推销不力、经济即将陷入萧条、假期人气低迷、竞争对手的楼盘更好、位置不佳等。开发商把焦点全都放在要为房子增添什么功能才会吸引买家上，但费尽心思，却依然毫无效果。

莫埃斯塔则采用了不同的方法：他先思考已经购房的人完成了哪些任务，才会在这里买下新房。他回忆道：“我请这些业主画了一张表，说明他们为什么决定在这里买房。”他访问了数十人，接着从这些访谈中寻找一种模式。他第一个注意到的现象是：没有任何因素可以解释谁最有可能买房。这些业主虽然都想要小户型的居住空间，但他们并没有清晰的个人特质或心理特质；新房中也没有什么特点值得他们非常重视，成为他们决定购房的关键。事实上，新房的特点反而是障碍，他们觉得新房的每个细节都要自己去选择实在太伤神了。

不过，访谈中倒是出现了一个不寻常的线索：餐桌。来参观样品房的潜在买家大多对开发商说，他们想要宽敞的客厅，一个让来访者使用的次卧，以及一个可以轻松招待访客的早餐吧台，但他们不知如何处理旧家的餐桌。“他们一直说：‘等我想好怎样处理那张餐桌以后，我就可以搬进来了。’”莫埃斯塔和同事不太明白，为什么他们这么在乎餐桌的处置，这又不是什么大不了的事。这些业主提到的餐桌大多是使用了多年的旧家具，其实送给慈善机构或是丢到垃圾回收站可能是最好的处置方式。

但是到了圣诞节，莫埃斯塔和家人围坐在餐桌边，他恍然大悟。每年，大家都会围在桌子旁为家人庆祝生日，每年的圣诞节也是如此；孩子们的家庭作业也是摊在这张桌子上写的，他们在桌子底下修筑城堡，连桌子的每个凹痕和剐痕都有故事。这张桌子代表了一家人一起打造的生活。莫埃斯塔回忆道：“当下我豁然开朗，我终于知道这张桌子的意义了！”

买家之所以无法做出搬家的决定，并不是因为开发商没有提供什么，而是因为他们将放弃某个意义深远的东西所产生的焦虑。一位女性受访者提到，她需要好几天以及好几盒纸巾，才能清空旧房里的一个衣橱。判断新房是否有空间容纳某个东西令她充满感伤——老照片、孩子一年级的手工作品、剪贴簿等都难以割舍。莫埃斯塔说：“她正在回顾人生，每个选择都像是在抛弃回忆。”

这番顿悟帮助莫埃斯塔和他的团队开始了解那些潜在购房者所

面临的挣扎。莫埃斯塔说：“一开始，我以为我们的事业是兴建房屋，后来才发现，我们的事业是迁徙人生。”

了解到数十个很小但很重要的用户目标以后，设计师开始对房屋进行改造。例如，设计师将次卧缩小20%，以便在屋内为传统样式的餐桌腾出空间。开发商也把焦点放在协助买家应对搬家的焦虑上，例如提供搬家服务、给予两年的仓库使用权，以及腾出一间分类室让业主暂时摆放东西，让他们在没有搬家的压力下，好整以暇地决定每一件物品的去留。另外，30页的自选方案让买家感到无所适从，开发商因此改换成三种样板房让买家挑选，这样一改之后，临时取消合约的数量马上从每个月五六笔缩减成一笔。

开发商做的一切都是为了让买家知道：“我们懂你。我们了解你想要的进步，以及为了达到目标所面对的挣扎。”了解用户目标让开发商知道买家选择这项方案的因果机制。这很复杂，但并不难懂。这番认知也让开发商以竞争对手不太可能模仿或了解的方式，把产品差异化了。用户目标观点改变了一切，开发商甚至把房屋售价提高到3 500美元，而增加的钱用来支付搬家及仓储成本还有剩余。

2007年，当业界的销量下跌49%，全美房地产市场普遍暴跌时，这家开发商的业绩却逆势上升25%。

用户目标达成理论是一个整合的工具，是一种了解复杂需求组合的方法。这些需求组合在特定的情境中，影响着消费者的选择。它会告诉你需要哪些信息、信息之间的关系，以及如何运用这些信息来创造完美完成任务的产品。用户目标达成理论之所以有效，是因为它使你专注于正确的复杂性，它把复杂的东西分解为成功创新必须了解的元素。这就像是“完整、全面的电影叙事”和“随机挑选几个零星画面作为亮点”之间的差别。用户目标达成理论可以描述出故事的全貌。

用户目标在哪里?

那么，等着我们发掘的用户目标究竟在哪里?

以下是多年来我们和多家企业一起应对创新挑战时发现的实用观点和方法，希望这些方法能为想要发掘用户目标的人提供指引。我们无意提供一套全面或逐步展开的指南，正如本书一再强调的，我们认为，发掘用户目标没有唯一正确的方法。这里收录的一些概念是通过“用户目标”的视角，为你提供截然不同的观点。正如亚马逊创始人杰夫 · 贝佐斯经常引用的那句话:“观点可抵 80 分的智商。”

在一些重大的科学进步出现以前，很多聪明人以同样的工具，年复一年观察同样的东西。后来，因为有人采取了全新的观点，才出现了重大突破。影响力卓著的哲学家兼科学史学家托马斯 · 库恩在《科学革命的结构》一书中探索过这个现象。他认为，这些突破性的时刻代表着“范式转移”，即“科学家用熟悉的工具，在观察曾经看过的东西时，他看到了全然不同的新风貌”。

发掘用户目标也是如此：问题不在于你所使用的工具，而是你在寻找什么，以及如何把观察到的东西拼组在一起。用户目标分析不需要你抛弃已经搜集到的数据和研究；人物、人种研究、焦点团体访谈、用户访谈、竞争分析等，都可以作为发掘重要观点的起点，只要你从恰当的视角观察就行了。

我们在第 2 章提过，你可以想象自己正在拍一部纪录短片，你想捕捉的是用户的烦恼或是他们追求进步的故事。用户目标的视角可以改变你看到的情景：用户的优先要务和他们愿意做出的取舍可能看起来完全不同，竞争格局中可能会出现让人意想不到的角色，看似不可能成长的市场可能会出现让人意想不到的成长机会。可见，用户目标就在我们的周围，而了解该往哪里看以及如何诠释你所看到的一切，则至关重要。你必须有一套发掘用户目标的策略。

接下来，我们介绍 5 种发掘用户目标的方法——只要你知道自己该寻找什么，用户目标就可能近在眼前。这 5 种方法是：从生活中寻找；从“尚未消费”的领域中寻找；找出暂时的变通做法；关注你不想做的事；找出产品不同寻常的用法。以下就是具体的方法。

1. 从生活中寻找

一些最伟大的创新者只是凭着自己对用户目标的直觉来指引他们创新。在这个沉迷于数据的世界里，这些例子也许令人讶异。索尼的创始人盛田昭夫甚至反对做市场调研，他认为：“仔细观察大家怎样生活，凭直觉去了解他们想要什么，然后去做就可以了。”索尼在磁带随身听的技术突破上曾遇到过瓶颈，因为当时的市场调研显示，消费者不可能购买没有录音功能的磁带播放器，他们也不喜欢使用耳机。但盛田昭夫不理会营销部门的警告，而是相信自己的直觉，并毅然推出磁带随身听。结果索尼随身听的销量达到 3.3 亿台以上，在全球开创了个人音乐播放器的流行文化。

生活中尚未解决的任务就是创新的沃土。观察自己，你的生活将清楚地显现出你需要什么。对你来说很重要的事情，对其他人可能也很重要。

以可汗学院的创始人萨尔·可汗最早上传到优兔（YouTube）的视频为例，他一开始只是想用视频来教小表妹数学，这甚至都称不上崭新的概念，光是优兔上就有数百个数学的教学视频，而且视听效果大多比可汗做得还好。可汗回忆道："它们不像我那样使用USB耳机，我的视频廉价且简陋。"

但其中有一个关键差异——其他人的视频让人感觉很复杂，教授方法很老套。可汗说："这些视频没有把焦点放在核心概念上，而且毫无乐趣可言。"其实他的小表妹纳迪娅也没有告诉他这些，他回忆道："她才 12 岁，我不晓得她对流程有什么独到的见解。"纳迪娅觉得学校的数学课听不懂，爸妈想尽办法要帮助她，还要求老师加强辅导，这让她觉得压力很大。相较之下，可汗的这些视频没什么压力。可汗录制这些视频不只是为了教小表妹数学，也是为了和家人保持联系并分享学习的乐趣。小表妹则是运用可汗的视频来学习复杂的数学概念，而且视频很有趣，让她觉得学习很有成就感。[1]

后来可汗发现，很多人和他的小表妹有一样的困扰。如今全球有数百万名学生利用在线的可汗学院，以自己的步调学习。

近年来，一些最成功的新创企业也是源自创始人想解决自己面临的问题。例如，希拉·马塞洛因为照看孩子的问题烦恼不已，因此她创办了Care.com网站，为托儿、老人护理、宠物寄养等提供在线"配对"服务。如今，这家网站创立不到 10 年，已在 16 个国家有近千万名会员，其营业额接近 6 000 万美元。

不过，如果你认为自己并不像这些创业家那样拥有改变人生的真知灼见，你也不必担心。因为，发掘用户目标不见得要从生活经验中获得启发，通过观察既有的用户或潜在用户也可以学到很多，但你必须知道你应该观察什么。

2. 从“尚未消费”中寻找

从那些没有使用任何产品或服务的人的身上，你也可以找到等着你去解决的用户目标。我们称之为“尚未消费”——当用户找不到满意的方案时，他们可能决定选择不消费。企业往往只考虑如何与竞争对手抢生意，而不是去寻找用户潜在的需求。它们可能根本看不到这些潜在的需求，因为现有的数据不会告诉它们去哪里寻找潜在的需求。但“尚未消费”往往蕴含着最大的机遇，就像南新罕布什尔大学的例子那样。

企业一旦把眼界拓展到同类竞争以外，颠覆性创新的市场可能远比传统的竞争规模还要大。如果你不去寻找“尚未消费”的用户，就永远看不到他们。

爱彼迎的全球策略总监奇普·康利指出，40%的爱彼迎房客表示，要不是有爱彼迎，他们根本不会开始这段旅行，他们或许会选择借住亲友家。几乎所有的爱彼迎房东都表示，要不是有爱彼迎，他们根本不会考虑出租家中的空房间或整套房屋。对这些游客来说，爱彼迎是在与“尚未消费”竞争。

金佰利公司在成人大小便失禁用品的市场上发现了前所未见的商机时，它们早已拥有很高的市场占有率。20 世纪 80 年代，金佰利发现了为大小便失禁的成人（通常是病人或老人）解决痛苦问题的商机，并首度推出“得伴”产品。从各方面来看，它都是相当成功的产品，但仍有很多用户觉得自己不需要，不想使用这款产品。

金佰利一直很谨慎，并刻意在产品的外包装上标示出“内裤”

字样，但是就外观来看这款产品还是很像纸尿裤。包装的大小和形状都很像婴儿纸尿裤，而且最早推出的产品是白色的，穿起来很厚重，更糟的是，还皱皱巴巴的。《周六夜现场》节目还因此拍了一段嘲讽视频，描述成年人哄着年迈的父母穿上虚构的“得伴名人系列”内裤，上面还印了名人肖像。

金佰利从用户目标的视角观察市场时，发现未开发的商机还很庞大。根据它们的调查，50 岁以上的成年人中，有近 40%的人有大小便失禁的困扰，而且随着人口老龄化及人类平均寿命的延长，这个数字预计还会持续增加。研究显示，尽管在 18 岁以上的女性中，约 1/3 的人有失禁方面的困扰，但她们使用失禁产品的比例却非常低，许多用户都选择不消费，她们不会 去商店购买成人纸尿裤。

金佰利的约瑟夫娜 · 布诺梵缇娜解释说：“对有大小便失禁困扰的人来说，羞耻感和焦虑感深深影响着他们的生活质量。”这些人通常隐忍着痛苦长达两年之久，直到撑不下去，才去购买相关产品。用户在无奈之下，变通的做法可能是改买一些替代品，例如以卫生巾来代替纸尿裤。他们或者采取更痛苦的方式——干脆放弃社交活动，不再出游、去餐厅吃饭、看表演，也不再与亲友来往。对这些宁可待在家里也不想冒险出门的人来说，他们显然有明确的任务亟待解决：恢复正常的生活。

布诺梵缇娜表示，了解到这些情况以后，金佰利公司不仅努力地开发新产品（女性产品“Depend Silhouette Briefs”和男性产品“Real Fit Briefs”），还积极地消除用户因失禁所衍生的羞耻感，帮助用户挽回自尊。为此，公司需要开发一种看起来不像或感觉不像成人纸尿裤的产品，帮助用户克服购买及穿着成人纸尿裤的焦虑。

这不只是美观或营销的议题，公司必须以全新的材质和技术，生产出外观及使用体验都很像普通内裤的产品。产品的包装要设计得跟普通内裤的包装很像，可以让用户直接看到产品外观真的和普通内裤一样。

金佰利花了大量时间了解到消费者想要的用户目标以后（包括重要的情感用户目标），终于开发出一个热门商品。这款产品不仅赢得了“尼尔森突破创新”大奖，而且上市第一年就创下 6 000 万美元的业绩，第二年的业绩又增长了 30%，并且没有影响到既有产品的市场占有率。这也促使金佰利后续在国际市场上推出了更多的“成人护理”产品。

由此可见，用户目标观点可以大大地改变你看世界的方式，让你在原本看不到成长的地方，发现巨大的商机。事实上，一个市场若是看起来没有成长的空间，那么这可能是用户目标界定不当的征兆。全然不同的成长机会可能就在你的眼前。

3. 找出暂时的变通做法

身为创新者，当你看到用户为了解决生活上的难题而采用替代法，或是使用暂时的变通做法时，你的心跳应该会稍稍加速（就像金佰利推出得伴纸尿裤一样）。这表示你发现了潜在用户——他们对现有的解决方案并不满意，又非常想解决问题，因此大费周章地自己拼凑解决方案。每次看到这种暂时的变通做法时，你都应该特别注意，因为这可能是一个创新商机，用户可能非常重视这件事。不过，如果你没有完全沉浸在用户所烦恼的情境中，你就不可能看到这些使用暂时的变通做法和替代法的方式。

我的一个朋友对于银行把儿童开通储蓄账户的流程搞得非常复杂，而且设下很多不利的条件这种情况，感到非常不满。他为此大费周章，自己设立了一个象征性的“老爸银行”，帮助孩子了解复利的威力。孩子们的零用钱从来没有被存入真正的银行，而是由身为老爸的他代为保管，但每个月他都会把孩子们的零用钱记到账上，给予合理的利息并计算累计利息，这个做法和真正的银行并不一样。

这也难怪很多人早就放弃使用储蓄账户了。数十年来，传统的银行清楚地表明，那些只想要简单储蓄功能的“低净值”客户是不值得关注的群体。这种客户群体在银行现有的商业模式中是无利可图的，所以银行会想尽办法驱赶这类客户。例如，账户有最低余额的限制、对各种服务一律收取很高的费用。我朋友的孩子只有零用钱和祖父母给的零花钱，不属于银行想要吸引的客户群体，但这并不表示这里就没有丰富的商机。

直销银行ING Direct通过新的视角看到了这个市场的潜力。

这个“用户目标”其实和存钱的功能没有多大的关系。以我的朋友为例，他只是想当一个好爸爸，帮助孩子了解储蓄的力量。而ING Direct银行可以帮这类用户扫除障碍。这款产品其实很简单：银行提供储蓄账户、定存和共同基金等服务，而且没有最低余额的规定，想以1元开户也可以。这项服务相当迅速、方便，相比于把10元、20元的钞票塞进抽屉里，或是夹在生日卡里忘记了，或是自己设立老爸银行并计算利息，这种方式更安全。

ING Direct银行若要获利的话，则需要截然不同的成本结构和商业模式。但是，只要了解到客户想要完成的任务，追求赢利就容易多了。ING Direct的一切设计都是为了应对客户想要完成的任务：

它是网络银行，所以营运成本远比一般的实体银行还要低，也没有财富管理、放款、国际金融等服务人员的人事成本。这意味着它是从全然不同的角度去追求赢利和效率的，它不用担心其他营运成本带来的负担，可以专注于改善客户想要完成的任务。

ING Direct迅速成为美国成长最快的银行。传统银行虽然具备掌握这块市场的所有工具，但它们把焦点放在细分的客户群体上，而不是了解客户想要完成的任务。2012年，第一资本金融公司（Capital One）以90亿美元高价收购了ING Direct。

此外，美国的网上订餐平台OpenTable提供在线实时餐厅订位服务，它也是从常见的暂时的变通做法发展出来的。我一向为餐厅订位而伤脑筋。如果有两个朋友来访，你打算带他们去自己最喜欢的餐厅聚会。你们查阅了自己的时间表，决定了见面的时间，当你打电话去餐厅预约时，却发现你们约好的时段已经没有空位了。餐厅服务员问你可不可以改到晚上9点？于是你回头去问朋友那个时段行不行，但其中一人说她的孩子需要照顾，不能在晚上9点聚餐。好吧，一切还要从头规划，那么还有哪家餐厅可选呢？多年来，我们都曾为了餐厅订位反复改来改去，现在，OpenTable帮我们解决了这个难题。

4. 关注你不想做的事

我不想做的事情，可能和我想做的事情一样多。我把那些自己不想做的事称为“负面用户目标”。根据我的经验，负面用户目标往往能带来最佳的创新机遇。

每个家长都能体会到以下的麻烦：孩子一早醒来说喉咙痛。根据以往的经验，你判断这可能是链球菌造成的。你希望孩子舒服一点儿，你也知道尽快吃药比较好。但是今天刚好你很忙，没时间找保姆，而且你实在不想大费周章带孩子去看医生——在医院等半天只是让医生看几眼，确定真的感染了链球菌，然后开药。如果你打电话给儿科医生，他会基于医德告诉你，没看到孩子他不能随便开药。你好不容易给孩子挂上号，还要坐在候诊室里等很久。最后，在挂号几小时后，终于轮到你们进入诊室。医生进行了检查，迅速进行化验，判断这确实是链球菌喉炎。他开了药，但你必须等 30 分钟才能去药房取药，整个上午就这样泡汤了。在这个例子中，你想解决的问题是："我不想去找医生。"

哈佛商学院的校友瑞克 · 克里格带儿子去急诊室检查链球菌喉炎，为此等了几个小时。这次经历促使他和几位合伙人一起创立了快医疗（QuickMedx）保健中心，这是"CVS一分钟诊所"的前身。CVS一分钟诊所可以立即为上门的患者看病，由执业护士为一些常见的病痛开药，例如结膜炎、耳道感染、咽喉炎等。由于一般人都不想去医院看病，因此美国的 33 个州目前已有上千家CVS药房内设有一分钟诊所。

5. 找出产品不同寻常的用法

通过观察用户如何使用你的产品，你也可以发现很多新的商机，尤其是在用户的用法和公司预期的用法大相径庭的时候。我常举切迟杜威公司（Church & Dwight）的小苏打产品为例，向学生说明近在眼前的潜在用户目标。

近百年来，这家公司的招牌商品铁锤牌苏打粉一直是美国家庭的厨房必备用品，也是烘焙的必要材料。20 世纪 60 年代后期，公司的高管发现，消费者会在多种情况下使用这款苏打粉，例如加入洗衣粉、混入牙膏、撒在地毯上，或是打开盒子放在冰箱里除臭，还有其他各种不同寻常的用户目标。在这之前，高管们没想到这个家常用品除了烘焙以外还有其他的作用。公司高管看到消费者的创意运用后，便开始使用用户目标达成理论，公司首先推出了无磷洗衣粉，接着又推出一系列非常成功的新产品，例如猫砂、地毯清洁剂、空气清新剂、除臭剂等。

如今，我们在很多产品上都可以看到铁锤牌的踪影，但每种产品都有不同的用户目标，例如保持口气清新、冰箱除臭、清洁泳池和房间、保持腋下干爽、清洗地毯、去除宠物窝臭味、保持屋内空气清新、卫浴除渍及除霉等。

这些任务都不是新产生的，它们很早就存在了，只是切迟杜威以前没发现罢了，但是现在这个橘色盒装的烘焙用小苏打在铁锤牌消费产品的总收入中所占比例不到 7%。通过观察不同寻常的用户目标，新产品已经创造出数百万美元的盈利。

近几年来，一些最成功的消费性包装商品并非花哨的新产品，而是来自老字号商品的新用户目标。例如，NyQuil 感冒药已经上市几十年了，后来药品生产商发现，有些消费者即使没生病，他们也会把它拿来当安眠药使用。于是，ZzzQuil 应运而生——它去掉了消费者不需要的活性成分，只提供给他们想要的安眠效果。

如果营销人员从用户目标的角度了解市场结构，而不是从产品或用户的类别去了解市场，那么眼前的潜在市场规模就会大不相同——原本看起来没有商机的市场，也会突然出现很多成长的机遇。

情感分数

上面我们提出5种发掘用户目标的好方法[2]，但是，当你找到潜在机会时，为了抓住机遇，你必须在创新以前，先好好观察这个用户目标的背景情况，以了解它的情境脉络。如果想要开发让用户在生活中使用的产品或服务，你必须广泛深入地观察，你不仅要找出功能层面的用户目标，也要找出用户想要满足的社会和情感层面的用户目标。就算是经验丰富的创新者，也会因为对用户目标的了解太狭隘，而忽略了大好的商机。

以托德·邓肯为例，他花了很多时间思考医生需要什么工具才能把工作做好。作为美国山间医疗保健改革实验室的创新总监[3]，他负责推动组织各个层面的创新，包括重新思考患者护理的方法。几年前的某个秋日，他发现自己处在一个不熟悉的情境中：这一次，他自己是病人，正在自家医院里受到护理。他的膝盖伤拖得太久了，他终于决定让山间医院的骨科医生来检查。

身为创新总监，他之前已经多次进出山间医院的检查室，但是那天他以病人的身份进入检查室时，一切都不一样了。邓肯回忆道："我在检查室里，坐在一张皱巴巴的纸上等医生。我心想，这是谁设计的？这张皱巴巴的纸坐起来很不舒服，你不知道你会不会滑出诊疗台，而且你的身体稍稍一动，这张纸就会发出噪声。这只是一个很小的细节，却让我无法放松，反而更加焦虑。"

邓肯在职业生涯中推动过数百项创新，他马上发现这张纸是为了维持诊疗台的清洁，是从功能层面的用户目标来设计的。但从患者的角度来看，这却导致患者感觉更加无助。再加上检查室里的白光——他的X光片已经放在灯箱上清楚可见了，以及门口又传来人来人往的声音，等到霍姆斯特龙医生进来时，邓肯已经沉不住气了。

不过，霍姆斯特龙医生开始问诊几分钟后，就安抚了邓肯的焦虑情绪。他开始讨论邓肯的诊断结果，他抓起一张纸简单地画出他的膝盖哪里出了问题，并说明自己将如何医治。这令邓肯感到心安，但他也有些困惑。他知道医生身后的计算机里有先进的软件，可以在看诊时帮医生做记录，以及沟通诊断的情况。但这位医生却选择不用这个软件，邓肯问道："为什么你不把这些信息输入计算机呢？"

霍姆斯特龙医生把椅子转向计算机，接着解释，把信息输入计算机不仅费时，而且跟患者解释诊断结果时，他必须将注意力从患者身上移开——虽然只是移开一小会儿，但他不希望患者觉得受到了冷落。他想和患者维持目光接触，让患者放松，觉得自己受到了良好的护理。在那个时刻，医生最重要的工作不是展示先进的计算机影像，而是安抚焦虑的患者，和患者产生共鸣。"我们设计了很棒的软件系统，以为它可以帮医生把工作做好，但他却选择使用纸笔。"邓肯回忆道，"当时，我恍然大悟，我们只从功能层面设计了这个房间里的一切，却忽略了情感功能。"

在此之前，邓肯和他的团队已经在使用用户目标达成理论来推动创新，但这次的看诊体验使他真正明白了全盘了解社会、情感、功能用户目标的重要性。无论软件工具有多么先进，它也无法提供完整的服务用户目标。

邓肯看病时的顿悟，让他了解到山间医院创新流程里的缺陷。山间医院在处理医院的一切事务时都很依赖自己开发的软件。从让医生为患者安排检测和追踪服务，到安排每个诊疗室的使用时间表等，都是靠软件来运作的。邓肯说，他们常找医生来开会，询问他们需要什么，接着就会开发相关软件让他们使用。分析师会写下医生的需求，转交给工程师，由工程师开发出符合医生描述的软件。邓肯指出，这背后的根本假设是“医生永远是对的，或是医生可以详尽地说明他们需要的用户目标”。所以，医生只要告诉他们需要做什么软件，工程师就会设计什么。

但有的时候，医生描述的不见得是他们实际想做的事情，而且他们也忽略了目标客户：患者。而且，医生需要更新或修改的项目往往遭到延迟或取消，邓肯说：“长久以来，我们一直在思考如何把设计做得更好，但好像没什么效果。后来，我发现我们只是在观察人，例如我可以告诉你这些人的很多行为，他们先做什么，接着做什么，但我们没有观察用户目标。”

从此以后，邓肯的团队制定出一个以任务为主的结构，这在医院内部被称为“人本设计”。工程师将创新的想法交付设计以前，他们不仅会观察解析功能层面的用户目标，也会注意情感和社会层面的用户目标。“我们意识到，人们的观点是比较宽泛的。我们原本以为‘用户体验’就是设计一个美观的屏幕，确定按钮都摆在正确的位置上，但是这和正确的软件使用体验（也就是现实世界中医生使用软件的方式）几乎没有关系。你必须走出去，亲自体验，这样才会了解用户目标。”

很多公司犯的错误是，它们会询问用户如何修改现有的产品，以增添产品吸引力：“究竟是加快速度呢？还是推出更多的颜色？或是降低价格？”当你一开始就假设你只是在修改已经创造出来的东西，或是根据业界普遍接纳的类别定义时，你就错失了发掘用户想要完成任务的机会了。

宝洁公司最初在中国销售纸尿裤，就是吃足了苦头才记住这个教训的。对宝洁来说，在中国销售纸尿裤原本是一件稳操胜券的事——宝洁知道如何制作及销售纸尿裤给西方的消费者，而中国有数百万名婴儿，那时中国的婴儿还没有使用纸尿裤的习惯，所以整个中国市场可说是充满了潜在的消费者。

在宝洁研发中心任职数十年的戴维·高雷特回忆道："当时我们的想法是，只要在发展中国家生产便宜的纸尿裤，就可以把整个市场做大。"他们把大部分的精力都放在如何为婴儿开发价格仅为10美分的"功能性防漏装置"上，并把这种纸尿裤命名为"10美分纸尿裤"。他们的假设是，只要把价格压得足够低，中国的家长就会愿意购买欧美纸尿裤的降级版。

出乎意料的是，平价版纸尿裤上市后并未热卖。之后高雷特意识到，他在为"不了解纸尿裤价值"的市场设计产品，他亟须了解究竟是哪里出了问题。于是，他开始研究发展中国家的消费者对宝洁引以为豪的纸尿裤的功能有什么感想，究竟是纸尿裤太粗糙？太轻薄？还是太贵？他一直找不到答案，又不懂中文，只好依赖翻译人员，躲在一个小房间里，聆听焦点小组的访谈内容。

主持人请焦点小组一一回答设计好的问题，包括使用体验如何，这一周使用期间有什么特别值得注意的地方。一名女性的回答引得大家哈哈大笑，就连翻译人员也笑了。这位女性说，那周最值得关注的是她和先生重燃爱火，那周过了三次夫妻生活。

这跟纸尿裤有什么关系？这是因为宝宝熟睡了一整夜，让她也可以好好地睡一晚，获得充足的睡眠。这样一讲，故事其他的情节就很合理了。主持人接着问她，她先生觉得这个纸尿裤如何，她回答:“这是他花过最值得的 10 美分……”大家再次哈哈大笑。

那一刻，高雷特才意识到他采用的策略太狭隘了。他的策略主要局限于纸尿裤的功能用户目标，但纸尿裤的用户目标比这更复杂，也更有趣——除了功能用户目标以外，它还有社会（例如对夫妻居家生活的影响）及情感层面的用户目标。对高雷特来说,“用户目标”的视角补足了欠缺的环节。他回忆自己改用用户目标达成理论的经过:“在那之前，我们根据‘消费者需求’的概念，塑造出一个强烈的消费者观点。我们的方法基本上是通过典型的市场调查来定义这些需求，接着推出产品去应对这些需求。”

但高雷特认为，这样找出来的“需求”往往局限于“功能性”需求，没有考虑到用户在社会和情感层面遇到的问题。“而且在很多例子中，情感和社会层面的需求可能和功能层面的需求息息相关，甚至是关键要素……”高雷特表示,“对我来说，那一刻我恍然大悟。我发现，我们不能把这三个层面分开考虑，而是要整合起来考虑。事实上，这是产品成功上市的关键。”

用户目标达成理论不仅提供了发掘用户目标的语言，也提供了发掘用户目标的框架，你必须围绕三个层面的用户目标加以了解，然后围绕这三个层面去创新。“我们搞清了这一点，但只有用具体的框架和语言让我们明确地讲出来，然后才能采取行动。”

于是，宝洁开始思考如何让潜在的消费者知道，纸尿裤可以帮他们完成全方位的用户目标。之后，宝洁和北京儿童医院的睡眠研究中心合作了一个为期两年的研究计划。研究结果显示，穿帮宝适纸尿裤的婴儿入睡时间减少了 30%，每晚能多睡 30 分钟。这项研究甚至指出了睡眠增加和认知能力增强之间的关系，这对非常在意学习成绩的中国文化来说是一大优点。后来，宝洁重新在中国市场推出纸尿裤时，其产品广告特别强调情感层面和社会层面的益处（研究显示，一夜安眠的婴儿发育更好）。

2013 年，帮宝适已经是中国最畅销的纸尿裤品牌，[4] 其销售额高达 16 亿美元。在这个 10 年前纸尿裤仍未普及的市场中，宝洁占了约 30%的份额。

如果用户在你的产品中看不到自己想要的用户目标，那就表示你的产品已经没有市场了。更糟的是，如果消费者使用产品的原因跟这个产品的原始用户目标无关，你还有可能激怒消费者。我们稍后会讨论到，这时你应该让消费者知道，“这个产品不适合你”，否则他们可能会反过来抱怨你的产品很烂。

事出必有因

以上的成功故事关键是什么？这些企业都知道自己该寻找什么。事出必有因，它们都懂得寻找“起因”。有了可以预测“什么导致什么”的理论，颠覆性创新就再也不需要碰运气了。人类不需要等某个人使用会发射微波的磁控管，无意间发现口袋里的巧克力棒融化了，才发明了微波炉；或是依赖才华和偶发事件的神奇结合，才缔造出创新的传奇。用户目标视角的神奇在于，你完全不需要依赖魔法。虽然大家都在看同样的东西，但是用户目标的视角会让你的观察与众不同。

【重点摘要】

- 用户目标达成理论为成功创新提供了一套明确的指南，让你能够全面洞悉开发方案所需的一切信息，从而开发出完美解决问题的方案。
- 深入了解用户目标的方法很多，包括传统的市场调查技巧。虽然规划“发掘用户目标”的策略也有帮助，但最重要的不是你使用的特定技巧，而是你为了应用这些技巧而提出的问题，以及你如何将得到的信息拼凑在一起。
- 你的生活就是发掘用户目标的宝贵来源。我们的生活非常鲜明，我们的经验就是发掘用户目标的宝库。历史上一些最成功的创新都是来自个人的经验和自我审视。
- 大多数企业都把大部分的市场调查精力放在更了解现有用户上，但有关用户目标的重要观点往往是从“尚未消费”的研究中搜集来的：不买产品的人（无论是你的产品或是其他产品都没有购买）。
- 如果你看到有人采用暂时的变通做法，那你就要特别注意了。这通常是你无意间发现高潜力创新机会的线索，因为他们想要的用户目标很重要，但他们对既有的方案大失所望，所以才会自己发明一些应变之道。
- 仔细研究用户如何使用你的产品，你往往会在用户目标方面得出重要的结论，尤其是在用户的用法很不寻常、出人意料的时候。
- 大多数企业面对用户想要完成的任务时，都过于关注功能层面的需求。你还应该密切关注情感层面和社会层面的需求，因为兼顾这三个层面是开发完美方案的关键。

【领导者的思考题】

- 在你和亲友的生活中，有哪些重要的任务无法被完美地解决？具体列出这些任务的情境，以及你想获得的进步有哪些功能、情感、社会层面的细节，这些信息暗示着何种创新机会？
- 如果你也用自家公司的产品，那么你会用它来做什么？你觉得这个产品的用户目标有哪些缺陷，为什么？
- 现在有谁尚未消费你的产品？他们想要的用户目标和现有用户的有什么不同？是什么因素阻碍那些尚未消费的人使用你的产品来解决问题？
- 实地观察用户如何使用你的产品。他们在什么情境下使用？他们想在哪些功能、情感、社会层面获得进步？他们在以出人意料的方式使用你的产品吗？如果是，他们完成的任务揭露出了什么信息？

注释

1. 在我和同事迈克尔·霍恩、柯蒂斯·约翰逊合著的《创新者的课堂》中，我们认为，“上学”不是学生想要完成的任务。在学生的日常生活中，他们渴望“每天获得成就感”。坦白讲，多数学校的设计都不是为了达到这个目的。事实上，孩子们放学回家后常常感到精疲力竭，觉得在智力上受到挑战，非常有挫败感。学生可以善用学校来获得成就感，但他们通过其他方式也可以达到这个目的。例如，学生在学校找不到成就感时，他可能会加入帮派，也可能去打工赚钱，买辆车，这样做会让他觉得自己很有成就感。这些都是学校的竞争对手。对学生来说，这些选项比无法达成目标的学校更有吸引力。参见 Christensen, Clayton M., Michael B. Horn, and Curtis W. Johnson. *Disrupting Class: How Disruptive Innovation Will Change the Way the World Learns*. New York: McGraw-Hill, 2008.

相反，我对可汗学院设计课程的方式相当着迷。可汗学院的许多教材都是为了避免让你有挫败感而设计的。当学生卡在一个问题上时，他可以轻易从可汗学院取得资源，帮助自己了解概念。如果学生感到沮丧，想跳到下一个问题，那么他无法做到——他必须先理解目前的问题，才能晋升到下一个挑战。只要点一下鼠标，他立即可以获得资源和提示，从而克服困难，产生成就感。

2. 我喜欢把它想成发掘用户目标的“水力压裂法”。在石油钻探中，水力压裂法能大幅提升了石油公司探勘石油的效率。但是在水力压裂法问世以前，石油公司必须精挑细选钻井的地点。如果某个矿脉没有原油，它们就只能转往其他地方继续钻挖。它们可能已经很靠近石油蕴藏的地方了，但是只要钻探的那条矿脉没有通往原油的蕴藏地，那就是无效矿脉。有了水力压裂法以后，石油公司可以挖得很深，接着辅以高压把压裂液灌到洞里，以寻找及撑大裂缝，把探勘往水平方向扩展，大幅提升钻油的效率。发掘用户目标的“水力压裂法”也是如此。

3. 山间医院是我自愿加入担任理事的一家非营利组织。

4. 金佰利推出的大小便失禁产品，以及宝洁公司在中国推出的纸尿裤，都产生了很大的涟漪效应。试想一下，这些用户周围的亲友和同事的生活也因此获得了改善。

第5章

聆听用户内心的声音

大多数公司都希望与用户维持紧密的联系，以确保它们开发的产品和服务是用户想要的。但是，很少有用户能够明确或完整地说出他们的需求。用户的动机很复杂，决定购买的流程比他们能描述的还要细致。但是说到用户雇用了什么，或他们淘汰了什么，这背后都有故事。这些故事描述了他们渴望有哪些功能、情感和社会层面的进步，以及究竟是什么阻碍了他们的进步。你的挑战在于成为侦探及纪录片的导演，把各种线索和观察拼凑起来，找到用户想要完成的任务。

1985 年，普莱森特 · 罗兰准备创办美国女孩玩偶公司时，她没有做任何调研。公司的营销总监坚持认为她应该参与焦点小组访谈，但是在创业的过程中，她只参与过一次。她坐在镜面玻璃的后方，观察一群家有少女的母亲围坐在桌边，嘟着嘴，听着主持人解释产品的概念：这些娃娃玩偶是按不同时代的背景设计的，并搭配相关书籍和配件来辅助每个娃娃的“故事”。罗兰回忆道：“这些消费者对主持人说：‘我女儿不会喜欢这种有历史背景的玩具，那些配件只会被吸尘器吸走。’”幸好，罗兰对自己想要提供的用户目标很有信心。后来公司蓬勃发展，13 年后，罗兰以 7 亿美元的高价将公司卖给了美泰集团。

用户不见得能明确说出他们想要什么，即使他们清楚地表达了，也可能言行不一。我问你是否在乎环保，多数人都会说在乎。我们可能会提到自己怎样进行废品回收，或平日尽可能以步行代替开车。但是打开你家的橱柜，里面的东西会呈现一样的故事吗？你认识多少新手父母说他们在乎气候变迁，却依然买了一堆一次性的纸尿裤，而不是可重复清洗使用的尿布？你是否仍在开心地把塑料制的咖啡胶囊放进咖啡机里？

相反，研究一再显示，很多用户愿意为标示“有机”的食品多付点儿钱，“有机”这个字眼已经滥用到几乎毫无意义了。为什么会有这种落差呢？没有人想做不环保的事，但是在挑选生活用品时，你仍会挑选在特定情境中最能代表你的价值观与取舍的方案。

好吧，既然用户的说法不太可靠，那么只看资料难道不行吗？数据不是相对客观吗？其实数据很容易被错误诠释。玩具业的销售和营销数据告诉罗兰，7 岁到 12 岁的女孩不玩娃娃玩偶。用户决定雇用产品或服务时，有两个关键时刻，大多数数据只追踪其中一个。最常被追踪的时刻是所谓的“大雇用”（big hire），也就是用户购买产品的时刻。但另一个同样重要的时刻则不会出现在多数的销售数据中，那就是用户实际“使用”的时刻。

用户把产品带回家或带到公司的那一刻，它仍等着“被雇用”，我们将用户真正使用的时刻称为“小雇用”（little hire）。如果产品真的能让用户完成任务，以后就会有更多的使用时刻，用户会一再雇用它。但我们搜集到的资料往往只反映了“大雇用”，而非产品是否在现实中帮助用户完成了任务。例如，我的妻子可能买了一条裙子，但她要等到把标签剪掉，穿上这条裙子，才算是真正使用了这条裙子。相比她为什么选购蓝色裙子而不是绿色裙子，我们更需要了解她最后为什么决定穿上这条裙子，而不是衣橱里的其他衣服。你的手机里有多少应用程序，当初你觉得不错，但下载后很少或从没用过？如果应用程序的卖家只追踪下载数量，那么他不会知道这个应用程序是否帮你达到了你想要的进步。

用户目标一直存在，我们越发懂得以创新发明来应对这些用户目标。无论你的产品概念多么新颖多么有革命性，用户烦恼的情境早就存在了。为了雇用你的新方案，用户必须先停止目前的权宜之计，或淘汰现有不理想的方案，包括未消费时所采取的应对措施。比如，大家习惯随身携带手机后，很多人就不戴手表了，因为手机不仅可以显示时间，还可以和日程表同步，并推送通知和提醒。自从我可以随时打开娱乐与体育节目电视网（ESPN）之后，我就停止订阅《体育画报》了。买成人纸尿裤的人从此不用再窝在家里，他们终于可以自在地出外走动了。

“如果让用户雇用我的产品，那么需要先让他们淘汰什么？”对于这个问题，企业的思考往往不够深入。企业只想把产品做得越来越有吸引力，却没有深入思考这个产品是为了取代什么。

用户淘汰及购买的决策流程往往在踏进店里之前就开始了，而且这个流程很复杂。总是有两股对立的力量争着抢着去主宰他的决策，而且两股力量都扮演着重要的角色。

- **催他更换新方案的力量**。首先，用户不满的现状或是想解决的问题必须大到让他想要采取行动。一个纠缠不休或恼人的问题可能还不足以让他采取不同的对策。第二，新产品或服务解决问题的能力必须有强烈的吸引力。新方案必须做到帮助用户进步，使其生活有所改善。公司通常会把焦点放在询问用户想要什么功能和效益上，它们常以为这就是创新指南。那么，我们如何把产品做得更有吸引力，让用户难以抗拒呢？

- **反对改变的力量。**很多公司完全忽略了当下还有两股看不见却非常强烈的力量正在运作，从而阻碍用户购买产品。第一股力量是“现有习惯”，它对用户有很大的影响，例如“我习惯这样做了”；或是已经对问题习以为常，例如“我不喜欢这个东西，但至少现在用起来还算习惯”。第二股力量可能比现有的习惯更强大，那就是挑选新东西时的焦虑感，例如“万一更换了没有改善怎么办？”

用户往往会受到现有习惯的牵制，想到要切换成新方案就会觉得很麻烦。继续使用已经习惯的东西，即使不完美，至少也能忍受。这几年，我的助理一直告诉我新手机的功能有多好，但我迟迟不肯换，因为我觉得现在的手机用得很习惯。这主要是因为既有的东西用起来不需要深思熟虑，甚至可以凭直觉使用。诺贝尔奖得主丹尼尔·卡尼曼和阿莫斯·特沃斯基就证明了这一点——一般人“趋避损失”的心态（即想避免损失的天性）是“追求得利”的两倍。[1]

新方案所带来的焦虑感可能很强，例如担心成本增加、担心要学习新东西、担心未知的状况让人难以承受等。为什么很多用户明明可以用旧手机换购新手机，却依然使用旧手机？“万一新手机突然出现问题怎么办？”“万一我遇到意外情况，临时需要备用手机怎么办？”“万一……”健身俱乐部最近发现，要求用户办理年卡会让人产生不必要的焦虑，因此有碍用户加入。创新者往往只把焦点放在推动改变的力量上，也就是确保新方案有足够的吸引力，促使用户更换产品，但他们却完全忽略了阻碍改变的力量也很强大。

例如，ING Direct银行专门在美国和加拿大各地开设了“咖啡馆”，以缓解客户对虚拟银行的焦虑。你可以去那些咖啡馆坐坐，但里面没有传统的柜员让你进行现金交易。你可以跟里面的员工聊聊天或使用自动取款机，但银行设立咖啡馆的主要目的是为了向用户保证它是“真正”的银行，同时也是在打造品牌。南新罕布什尔大学是一家非营利机构，再加上有真实的校园，这就缓解了学生担心遇到黑心学校的焦虑。可见，缓解用户的焦虑感非常重要。

你可以这样想：产品用户目标必须对用户有足够的重要性，才能促使他们做出改变。例如“我觉得现在的方案很难用，我想要比现在更好的方案”，但新方案的吸引力必须远大于“旧方案产生的惯性”以及“新方案衍生的焦虑”。更换产品一定会遇到一些阻力，但创新者往往觉得自己的产品非常好，足以消除这些担忧，因此轻视了那些存在的阻力。如果一件产品只有功能层面的用户目标，那么要淘汰这个东西就很简单，但是如果它还涉及情感和社会层面的用户目标，那就比较难淘汰了。无论我们对当前的情境有多么失望，无论新产品多么诱人，只要吸引我们雇用新产品的力量没有大于阻力，我们就不会考虑以旧换新。

用户想要的进步，我们必须从生活场景中去理解。我认为，每一个清楚定义的用户目标都有其重要的情感层面和社会层面的力量，或是不受吸引力和阻力的拉扯。如果用户勉强使用不完美的方案已经很久了，那么除非你能确保新的方案更好，否则他们不会愿意淘汰旧方案。

就连企业对企业的市场也是如此，你可能以为采购流程中容不下情感层面和社会层面的因素，也不会有焦虑感和现有习惯的问题。但你想想，负责采购零部件的工厂经理必须确保需要零部件时，仓库里一定要有库存。备料不足会让他失眠，甚至让他担心饭碗不保。或者，你可以想想首次管理一家外部咨询公司的项目经理，他想在同事和老板的面前表现良好，他希望大家能看到他准时并妥善地管理项目预算，而且和咨询公司建立良好的合作关系。

美世咨询公司就非常注意这一点。本书的合著者邓肯和它一起合作开发新事业，推动公司成长。2013 年，雅克 · 古利特接任美世退休计划业务的全球总裁时，公司前景看起来并不乐观。作为全球人力资源与金融服务咨询公司，美世公司经常帮助员工设计退休金计划。数十年来，这项业务已经变成美世的重要业务。但后来许多公司逐渐从“确定给付制”（也就是公司保证提供退休金给符合条件的员工），变成员工将大部分资金划入个人退休金账户 [例如 401(k) 计划]，美世退休计划业务的主要获利来源便开始萎缩，它不得不进行创新，而且速度要快，否则未来的前景堪虑。

仅针对客户想要完成的任务提出新的问题，美世就对创新机会产生了一些重要的新观点。其中一个观点是，美世以前定义的“客户服务”太狭隘了。它以前觉得自己是为 3 万家企业提供退休金计划的咨询服务公司。这个定位曾为美世开创了规模很大的事业，但现在这个定位却无助于企业的继续成长。

客户之所以雇用美世，究竟是想要解决什么任务？这些退休金计划真的能充分帮助客户完成任务吗？表面上，客户企业的财务总监或人力资源总监想找到提供给员工的退休福利计划，但他们想达到的任务不止于此，他们还面临哪些阻碍？

由于许多公司想从传统的“确定给付制”转换成“员工提取制”，或是直接把退休金计划卖给保险公司代为处理，于是，古利特的团队发现了一个创新机会。对人力资源部或财务部门的专业人士来说，想有效地引领这个重要转变，并为员工提供多元化的投资机会和福利，将是一项相当庞大的任务。这些专业人士给同事留下小心谨慎的印象，而且让大家认为他们有足够的能力提出建议。而且，无论他们最后选择哪种方案，他们都不希望将来有处理不完的投诉及善后问题。

以往，对人力资源团队或财务总监来说，为价值上亿美元的退休金债务寻找新机会的过程是相当费时费力的，而且不是很透明，对想为公司做决策的专业人士来说，这是一个令人焦虑的过程。

而美世公司可以代替客户接触一些保险公司，向保险公司提供客户要求的细节数据，然后等待保险公司针对“退休金计划的接管”提出报价。如此来回，谈定价码以后，美世再提供给客户一份选择清单，让客户从中挑选一个选项，然后进行转换。决定挑选哪家保险公司，之后执行退休金计划的买断，这个过程可能需要长达 6 个月的时间。在这期间，市场和既有的退休金价值都可能出现大幅波动。对人力资源或财务专业人士来说，在这个过程中他们所承受的压力很大，而且他们推荐给公司的转换方式也关乎他们的个人声誉。

“他们必须对老板负责，老板又必须对董事会负责，董事会可能会针对退休金计划的管理和选项提出非常具体的问题。”古利特解释，“财务总监希望体现出一种准备周全、面面俱到的感觉。万一首席执行官或董事会突然来电询问，他希望自己能随时准备就绪，这一点非常重要。”

所以，美世提供的方案也反映了这一点。

于是，通过用户目标的视角，美世公司设计出“退休金风险交易所”（pension risk exchange），它类似证券交易所的概念，让买家和卖家能够实时碰面与交易。这样，时间不再延滞，有美世在中间撮合交易也不再缺乏透明度。这个流程的设计不仅提高了效率，也涵盖了关键要素，帮助客户克服因决策太大而迟迟没有行动的阻力。

此外，美世还打算在产品中融入一些特色：让客户在正式参与买断流程以前，先模拟各种买断选项的情况。追踪功能可以让客户模拟不同的选项，在决定交易之前，首先模拟交易后的情况。这是一种消除焦虑的预演方式。

这个产品提高了美世的业绩。目前，退休金风险交易所已经在美国、英国、加拿大等国家成功推出，这对美世和古利特来说都是很大的成就，也是美世持续发展战略的关键要素。古利特表示：“当我们把焦点放在客户想要完成的任务上，才发现，我们可以创造出更好的产品。”

用户目标达成理论帮助创新者找到用户在特定情境中想要获得的有关进步的全面认知，包括互相竞争的需求以及相对的优先要务。你不仅需要了解客户想要完成的任务，还要知道他们需要先淘汰什么，这样才能腾出空间接纳新方案。这些情境很重要。

“当我们试图回答‘这够好吗’的时候，总是会产生很多分歧以及没完没了的争论。”莫埃斯塔的再连线公司的合伙人克里斯·斯毕克解释说：“如果没有思考用户目标，你就不可能区分坏、较好、很好、卓越。当我们试图回答‘在这种情况下，帮助消费者取得这样的进步足够好吗’的时候，答案就简单多了。我们想获得进步的背景信息，这对于了解因果关系非常重要。”

构建用户的故事

那么，你该如何勾勒出这些拉扯用户的力量，找到用户想要完成的任务呢？用户或许无法告诉你他们想要什么，但他们可以告诉你他们有什么烦恼。

他们真正想完成的任务是什么？为什么他们现在采取的方式无效？是什么因素让他们想要以旧换新？思考这些问题有一个简单的方法，就是描绘故事。和用户沟通时，你要像为了了解他们的烦恼，所以描绘故事情节那样。皮克斯正是这方面的行家：当你把用户的烦恼拼凑在一起时，就能勾勒出故事的全貌：

> 很久很久以前……
>
> 每天……
>
> 有一天……
>
> 因为那样，我们做了……
>
> 因为这样，我们做了……
>
> 最后，我做了……

你正在构建用户的故事，因为通过这个故事，你可以了解这些拉扯力量和产品使用情境对他们有什么影响。

爱彼迎的创始人显然很了解这一点。在推出服务之前，他们对爱彼迎的房东和房客仔细确认，并构建出 45 个不同的情感时刻。这些故事几乎组成了一部纪录短片，涵盖了大家使用爱彼迎的许多用户目标。“当你为某个东西描绘故事梗概时，你描绘得越实际，必须做出的决定就越多。”爱彼迎的首席执行官布莱恩·切斯基告诉《快公司》（*Fast Company*）：“这些房东是男性还是女性？年纪轻还是年纪大？他们住在城市还是乡下？为什么他们想当房东？他们紧张吗？房客出现时，有几箱行李？房客感觉如何？他们觉得很累吗？这时，你才能开始为特定的用户目标进行设计。”

例如，房客第一个“小雇用”时刻，也就是他们刚抵达投宿地点的时候，在故事梗概中，这是一个很重要的时刻。他们受到什么样的迎接？根据网站的描述，他们希望这个投宿地点轻松悠闲，这样的气氛被营造出来了吗？也许房间里应该播放柔和的音乐或点着香氛蜡烛。房东是否让房客感到满意？房东是否表明他会处理住宿期间发生的任何情况或问题？诸如此类的经验都必须符合房客当初选择爱彼迎时所想象的用户目标。爱彼迎从创立以来，不断地修改及调查故事情节，这些故事情节反映了影响房客“大雇用”和“小雇用”的种种拉扯的力量。

用户烦恼的时刻、不断的取舍、不完美的体验、生活中的不满……这些都是你应该寻找的情境。你要找的是那些反复出现的用户想要取得的进步，却因现有方案的限制而受阻的情境。你要找的是出人意料的行为、权宜之计、不同寻常的用法；用户使用的方法则是基本的、组合的、延伸的叙事，样本数只有一个人（这就是许多营销人员出错的地方）。切记，成功促成新产品的理由看起来比较像故事，而不是统计数据，它们丰富且复杂。最后，你应该把这些故事汇集起来，看看其中有没有类似的模式，而不是把个别的访谈拆解成不同的类别。

买床垫的动机

我们在此分享一个成功的实例：有位专业人士探询顾客的意见，然后把相关的故事拼凑起来，从中发掘用户想要完成的任务。我们请莫埃斯塔挑选了一个大家都很熟悉的产品，而不是热门的新科技或花哨的品牌，我们要的是单纯的商品，于是他挑了床垫。太好了！购买床垫的决定会有多复杂呢？

以下访谈文字是莫埃斯塔和再连线公司的同人所做的“用户目标访谈”内容。[2] 他们采访了芝加哥的创业家布莱恩 · 沃克，沃克最近刚买了一个新床垫。为了精简明了，我们对文字稿做了一点儿编辑，但总体依然维持原始访谈的样子。我们刻意保留了闲聊以及仔细搜集产品缺陷的过程，但这并不是典型的用户研究访谈。我们之所以显示这些细节，是为了让大家清楚地看到，发掘问题及用户目标不需要动用神奇的算法，也没有什么特别的方法，这就是我们想强调的重点：没有黑匣子。你只要抱着“初心”去了解消费者的决策过程，并且在过程中寻找那些可以揭露问题全貌的线索就行了。[3]

你可能认为床垫零售商典型的焦点访谈是：床垫的哪些细节促使消费者决定购买？比如，“床垫够软吗？够硬吗？支撑力够吗？你在乎床垫里有多少弹簧吗？床垫的颜色或表面图案有吸引力吗？你还考虑买哪些东西？你觉得价格对你的购买决策有多大的影响？”

但是，这些问题都不是这次访谈的焦点。莫埃斯塔想勾勒出顾客烦恼的全貌，也就是决定买新床垫的整个过程。其原始目标是制作一个表，列出促成最后决定的一切起因。沃克可能看起来像个冲动购买者，但是通过那些看似无关的问题所构建出来的背景故事，却透露出比表象还要复杂的状况。我们想要找的，正是这些复杂的细节及意外的转折。

比如，床垫在顾客的生活中扮演着什么角色？为什么床垫很重要？或是，床垫真的重要吗？什么时候床垫很重要，为什么？还有谁涉及这个购买决定并且使用床垫？买新床垫的阻碍有哪些？根据每个人现有的烦恼和想要的流程，除了买新床垫以外，还有什么替代选项？有哪些情况使我们预期有人会使用床垫，但其实没有？相反，哪些情况下床垫有不寻常的用户目标？这些都只是我们试图拼凑床垫购买流程的故事时，可能会提出的一些问题。这个流程的起点远比购买床垫的时点还早，在理想中，顾客一旦动了想买床垫的念头时，这个流程就已经开始了。

冲动购买的假象

访问者：现在，请你想象我们在拍一部纪录片。我们想知道，你一开始如何想要购买床垫，后来为什么决定购买，还有第一次使用及体验床垫时的所有细节。这有点儿像是调查，我们会制定一个时间表。就从你什么时候打算购买床垫开始谈吧。你是什么时候买的呢？

沃　克：大概45天前，9月中旬。

访问者：好，你是上网订购，还是……

沃　克：我在好市多买的。

访问者：喔，在好市多买的啊！是周末还是工作日去买的？

沃　克：周末的时候。

访问者：星期六，还是星期日？

沃　克：我记得是星期六。

访问者：你还买了其他东西吗？还是只买了床垫？

沃　克：去好市多当然不会只买床垫，当然还买了其他东西啊！

访问者：在买东西的时候，你是想着“我今天要买这个，喔对了，我还要这个、这个和这个”，是这样吗？

沃　克：没这样想啊。

访问者：所以，你原本没有打算买床垫？

沃　克：是啊。

访问者：那你还买了什么？你还记得当时你还买了什么东西吗？

沃　克：嗯，我有孩子，所以买了婴儿湿纸巾，还有很多牛奶。

访问者：买了多少牛奶？

沃　克：三罐杏仁调味乳，还有两瓶其他口味的牛奶。

访问者：是什么口味的？

沃　克：是有机鲜奶，我给儿子买了2%的低脂奶，给女儿买了脱脂奶。

访问者：好，我知道了。那你们一开始就使用了购物车吗？

沃　克：是啊，我们先买本周和本月要用的东西，比如纸巾、牛奶、婴儿湿纸巾等。

访问者：有人跟你一起去吗？还是你一个人去的？

沃　克：我太太和两个孩子都去了，全家人一起去了好市多。

访问者：你的孩子多大了？

沃　克：一个四岁半，一个两岁。

访问者：全家一起出动应该很开心吧。那么你是在哪里看到床垫的？是一开始就看到了？还是之后才看到的？

沃　克：进去大概45分钟之后，最后才看到。

访问者：你在好市多待了45分钟，那时购物车满了吗？

沃　克：几乎是满的。

访问者：里面有什么？

沃　克：牛奶、纸盒、纸巾，这些东西很容易就把购物车塞满了，所以我觉得该买的都买了，外加一些生鲜蔬果吧，大概就这样。

访问者：所以购物清单上的东西都买到了吗？你们检查了吗？

沃　克：对！不过每次去好市多也会买一些没有列在购物清单上的东西。

访问者：举个例子吧。

沃　克：比如沙拉和晚饭要吃的肉。

访问者：好，还有别的吗？

沃　克：好像没有了。我本来想买个东西，但后来没买——那是一盒45片的Eggo牌迷你松饼，松饼里面还有枫糖浆，试吃的时候我觉得不错。

访问者：好，所以你快要结账了。

沃　克：是啊，结账前的压力好大。大家逛好市多，到最后都会神经紧绷，因为很像在堵车时间又挤进了高速公路。好市多的商品有上千种，却只有 4 个结账通道，所以到结账时压力很大。后来，我转进一个通道，突然看到那里有床垫。

访问者：为什么你觉得你需要新床垫？是谁先想到要买床垫的？是你，还是你太太？

沃　克：当然是我，因为 4 年前我做过很多研究，买了一个超贵的 Stearns & Foster 床垫，那个床垫号称可以让人“一夜好眠”，而且据说至少可以用 10 年，很超值，所以我们买了“舒适软垫款”床垫。但是，最近一年，我早上醒来的时候总觉得这张床垫很糟糕，醒来时我不但感到头痛、脖子痛，而且腰酸背痛。后来，那张床垫塌了，浪费了我 2 000 美元。我需要一张不同的床垫。

访问者：你对那张床垫感到满意的时间有多久了？

沃　克：我刚买来时很喜欢，前两年很满意，第三年觉得还好，第四年就受不了了，并且开始后悔买了这张床垫。

访问者：你什么时候开始发现床垫有问题的？

沃　克：因为我每天早上醒来都会觉得全身酸痛，我还试过不用枕头、调整睡姿等方法。你也看得出来我的块头不是很大，但我注意到这张床垫有凹陷。我觉得我好像一直躺在那个凹陷里。每天早上醒来，我都心想：“我不仅需要提神饮料，我还需要吃 3 颗止痛药。”

访问者：你说你经常出差？

沃　克：对，去年我经常出差。

访问者：好，那你出差的时候不会有这些问题吗？

沃　克：不会。去年是我第一年创业，我有 37 周不在家，每周有 3 天是住在万豪酒店的。那里的床垫和我家的不一样，酒店的床不会让我不舒服。

访问者：你做过其他改变吗？你对家里的床垫做过哪些改变？你说你试过不用枕头睡觉。

沃　克：有，我曾把床垫翻过来、掉个头、拆掉外框，甚至拆下了弹簧垫。

访问者：你太太也觉得这张床垫不舒服吗？

沃　克：说来有趣，这半年她也开始觉得床垫有问题，我不知道是因为我抱怨得太久了，还是她真的有一样的感觉。她说："我也开始觉得床垫有问题了，睡得很不舒服。"而且她的身材也不胖，大概只有我的一半。

她说："我也有同样的问题，而且你可以看到床开始凹陷，这个舒适软垫跟我原先想的不一样。"顺便提一下，我自己也觉得有点儿过意不去，因为这张床垫是我叔叔卖给我的！

访问者：你跟你太太抱怨过床垫的事吗？还是你只是在心里抱怨？

沃　克：起初我只是感觉不舒服，后来我说了出来。她开始还说："为什么你的脾气这么暴躁？"

访问者：你还记得她第一次告诉你床垫睡起来不舒服是什么时候吗？你还记得那次谈话的内容或发生的时间吗？

沃　克：大概是半年前。

访问者：你说你常常出差，脾气也不好，回家又要照看两个孩子。所以，你太太什么时候开始抱怨你脾气不好的？你们应该会遇到这种情况吧：你回到家，脾气不好，但她也睡得不好，于是就为这件事争论起来了。

沃　克：是啊，而且她还说："你一个星期不在家，现在回家可以尽尽当父亲的义务了。"

访问者：为什么你没有早点儿更换床垫呢？听起来你好像认为床垫有问题已经一年了，为什么等这么久才更换？

沃　克：可能是因为我太忙了——前一年半我在创业，又要在小公寓里养家糊口。后来我们把小公寓卖了，搬到其他地方，因此买新床垫并不是我的优先事项。

访问者：你什么时候搬家的？

沃　克：6月。

访问者：你把旧床垫也搬过去了？

沃　克：对，那张床垫是在梅西百货买的。另一个原因我刚刚说过，它是我叔叔卖给我的。

访问者：你买那张床垫之前提前研究过吗？

沃　克：对，我研究过了，我本希望叔叔可以便宜一点儿卖给我，但我结账时才发现他没给我折扣。后来，床垫开始出问题的时候，我回到梅西百货问了他们一些问题，他们说："你可以把床垫转个方向试试看，可能是你的睡姿有问题吧，我们的保修范围包含凹陷，你可以拿尺子量一下凹陷面积有多大。"

访问者：你那样做了吗？

沃　克：没有，因为他们说凹陷长度至少要达到1英寸[①]半才能换。我心想，其他人也这么建议："你为什么不拿一大袋水泥，放在床垫凹陷的地方，找人来量量看凹陷长度有多少？"

访问者：谁建议放水泥的？

沃　克：我前面讲过，这张床垫虽然每一边都有凹陷，但长度还不到1英寸半，所以那个保修范围根本没有用，我又不可能要到什么。

访问者：你有时睡不好，压力很大，又刚好在好市多，正想办法尽快结账离开，突然间看到了床垫，于是你说："那就买吧！"是什么原因让你觉得那天你有时间买床垫？毕竟你买那张床垫的话，必须重新排队结账。

沃　克：我刚刚说到，那是9月中旬。大概在3个月前，我又开始研究床垫，心想："我一定要把这张床垫换掉！"但我一想到要去床垫专卖店或家具专卖店就觉得紧张，我上网做了很多研究，心想："我这次一定要买记忆海绵床垫。"

我上网研究了很久，差点就从Groupon团购网上买了记忆海绵床垫，但我一想到在梅西百货买床垫的经历，我就打住了，我实在不想上网买东西。万一买回来了我又不喜欢怎么办？

那天买床垫的时候，我在卖场的过道上，突然看到眼前有各种记忆海绵床垫。我心想，好吧，既然我现在就在好市多，还做了很多研究。当时，我完全没有想到弹簧床垫、18英寸、

① 1英寸≈2.54厘米。——编者注

12 英寸、弹簧圈之类的东西。

对我来说，我只想要一夜好眠，醒来觉得神清气爽，让我有精力好好工作，当个好爸爸、好丈夫。我满脑子只想到这些，孩子们正在说他们想去结账区买比萨。我心想："就买张床垫吧。"

我必须去拉一台平板车过来，因为我把床垫拉下来以后，发现它太重了！我觉得最有意思的是，没买过这种东西的人不会知道床垫是怎样包装的——它装在又大又宽的箱子里。我看到它的时候不禁大叫："哇！"就像你刚刚问我的，购物车已经满了，床垫当然没办法放在上面了。

访问者：当时你太太的反应是什么？你太太说这个主意很好，还是说"哦，不要！"

沃　克：她有点儿迟疑，不过当时她更关心孩子们会不会打起来。当时情况很混乱，她问我："你确定你真的想买？"于是，我把货架上海棉的样本拿给她看，我说："你摸摸看，感觉一下。"

她说："哦，感觉还不错。你真想要的话，那就买吧。这张床垫也不是很贵，我知道你每天睡不好，那就买吧。"于是，我马上回去拉台平板车过来。

访问者：那张床垫多少钱？你还记得付了多少钱吗？

沃　克：我记得是 699 美元。这很有意思，因为 Groupon 网站刚好也有这款床垫，而且价格更低。但我又一想，万一用了之后觉得不好，我在 Groupon 网站退货，还是到离家 5 分钟的好市多退货更方便？

访问者：那里只有一种床垫吗，还是有很多选择？

沃　克：没什么选择，不过也有两三种床垫可以挑选，而且有好几种尺寸。

访问者：每种床垫你都试过吗？

沃　克：我们后来只看两种床垫，一种比较厚，好像也比较软，所以我们选这种。

访问者：这款是最贵的吗？

沃　克：对。

访问者：你是Groupon网站的会员吗？如果你想在Groupon买床垫，该找哪间店买呢？虽然你没有从Groupon买床垫，不过在Groupon买可以打折，是那间店给的折扣吗？

沃　克：老实说，我现在想不起来了。

访问者：我们还想了解，你刚才说去专卖店买床垫会很紧张，你上次是什么时候去的专卖店？

沃　克：我经常路过床垫专卖店，前几天刚经过一家。

访问者：去床垫专卖店买有什么问题吗？

沃　克：首先，我有洁癖，我看到整间房子都摆满床垫会觉得很恐怖。第二，我从来没碰到哪个床垫专卖店的人像你一样仔细问我这么多问题。他们通常只会说："你家的床多大？你有多少预算？"

根据我以前的经验，我对那些人的感觉就像对汽车销售员一样有负面印象。我的意思不是说所有人都是那样，只是我以前有过这样的经验。

访问者：你不喜欢一般的购买流程，而且床垫专卖店让你觉得难以忍受，因为你会感到很紧张，你也不想跟业务员谈话，但我实在不敢相信你竟然没有先试躺之后再购买。

从这次访谈中我们可以看到，这位顾客为了买新床垫，积累了种种负面情绪和焦虑。公司可能会把他归类为好市多的“冲动购买者”，公司可能会针对这种冲动购买的人设计营销方案。但事实上，他这一年以来都有购买床垫的念头，好市多可能是他最不可能做出“大雇用”决策的地方——超市是购买成打袜子及超大海鲜拼盘的地方，周遭闹哄哄的，到处都是大型购物车，还有一堆人在推销免费试吃的食品。他挣扎了好几个月，最后竟然决定在这里购买新床垫。

无论驱动他购买床垫的原因是什么，这其实都算不上是冲动购买，而且他购买的原因也和床垫的功能细节无关。他担心弹簧吗？他担心线圈吗？他根本没想到这些因素。他完全没提到床垫本身的特质，一点儿细节都没提到。

他只想要一夜好眠，当个好丈夫、好父亲，这是他亟待解决的问题。只要他在那张旧床垫上多睡一天（“小雇用”），他就更接近那个好市多的购买时刻。事实上，每个失败的“小雇用”时刻，都与当天的购买决策有关。与其说他雇用了新床垫，不如说他更急着淘汰旧床垫。那天在好市多，他的购买时机终于到了。

在那天购买床垫以前，有一些阻力牵制着他。这些阻力有时是阻碍“大雇用”的最大因素（“什么因素阻止某人决定雇用某个东西来解决问题？”），有时则围绕在“小雇用”的周边（“为什么你觉得这个方案很难用，或是在现实中无法解决你的问题？”）。在这两种情况下，那些阻力可能大到让用户干脆不购买你的产品，或是不淘汰既有的用品。

创新者对“大雇用”和“小雇用”所衍生的神经紧张、挣扎、压力和焦虑，必须有敏锐的感知力。我们寻找创新机会时，应该像一个能把一切丰富的情感拼组成复杂故事的侦探，因为唯有构建出故事，我们的创新才能改变结局。

另一个重点是，这部纪录短片不只一个主角，这位顾客的太太也在这个故事中，她也必须睡在那张床上。若是没有妻子的同意，他可能无法当场决定买下床垫，因为他会担心妻子批评他：“你买这张烂床垫都没先问问我！”由于顾客和他的太太同时在现场，他们至少可以摸到这个产品，他可以消除先斩后奏的焦虑。当他的太太说“我知道你每天睡不好”，这表示她已经答应了。这时他已经消除了焦虑，再加上他知道好市多有无条件退货的政策，因此也移除了最后的障碍。以上种种因素影响着他的决策，所以他觉得“不先试躺，先买再说”比“去床垫专卖店试躺”还要容易。

除了床垫，还有什么替代方案？

那么，床垫制造商或零售商从这段访谈中应该得到什么启示？由于这只是单一个案，我们必须从众多观察中发掘用户目标，不能靠灵光乍现。但是，我们可以开始假设，提出一些新问题，同时思考在后续的访谈中可以探索些什么。

显然，去床垫专卖店消费的经验令人精神紧张。对购物者来说，理想的购物体验是什么样子？或许业务人员是把焦点放在床垫的特色和能否成交上了。我们是不是应该在床垫专卖店里安排“睡眠专家”而非床垫专家？这样做能否凸显出改善人才招募、训练、薪酬结构的机会？由于夫妻二人会使用同一张床垫，所以双方的意见都很重要，万一一对夫妻中只有一个人来店里消费，你怎么处理这种情况？你应该以不同的方式面对夫妻二人吗？你能够跟本地的搬家公司合作，推出搬运方案吗？

另外，顾客还有以旧换新方面的焦虑："万一我不喜欢新床垫怎么办？我如何处置淘汰的旧床垫？坦白讲，我真的不想把用了十年的床垫放在路边，让所有的邻居都看到……"诸如此类的担忧不胜枚举。但你可以看到进一步的访谈促成了更多的假设，或许零售商会因此发现新的商机，例如提供即时运送服务、免费搬运旧床垫等。或许商家可以提供为期 90 天的免费试用期，无条件退货。

对床垫制造商来说，这个案例最令人意外的一点，也许是顾客依然很依赖店面体验；如果制造商只思考产品的绩效，就可能忽略真正的议题。床垫制造商应该思考：我们该如何帮助零售商销售更多的床垫？我们和零售伙伴该如何调整广告，促使顾客到店里消费，从而提高业绩？床垫制造商肯定想过传统的竞争对手，但它们想过止痛药或提神饮料也是竞争对手吗？

以这位受访者为例，当他睡不好时，他的对策是吃止痛药或是喝提神饮料。如果我是床垫制造商，我会深入了解这些"竞争对手"，想办法以优质睡眠的承诺，来减少顾客购买床垫的阻碍。

我不是床垫专家，所以看到购买床垫的决策涉及如此多的情感因素时感到很惊讶。我以前也没想到更换床垫（从丢弃旧床垫到买新床垫回家）会涉及那么多的痛点和障碍。另外，还有"万一新床垫不适合或太太不喜欢怎么办"之类的焦虑。许多营销人员犯的一个基本错误就是从一大批受访者中搜集几个数据点，实际上他们需要做的是从小一点的样本搜集大量的数据点，就像这个访谈一样。卓越的创见与搜集数据的深度而非广度更为相关。

用户目标应该是你早就知道的事

很多高管告诉我们，当你找到用户目标时，你在直觉上就会觉得它很合理，你会相信自己的感觉。正如哈佛商学院的神经营销专家杰拉德·萨尔特曼所言，真正的见解是概念上感觉很真实的想法。当你有见解时，你不需要说服自己那很重要或是强而有力，因为你早就知道了。

想要让产品获得用户的雇用，关键在于详尽地了解用户的生活，以便设计出远远超越用户描述需求的方案。回头来看，颠覆性的见解看似显而易见，但其实它相当罕见——它基本上与直觉相悖，因为你看到的是其他人漏看的东西。

不过，下一章我们会说明，发掘任务只是第一步。你向用户推销的是进步，而非商品。为了开发出用户真正想要雇用（而且会一再雇用）的方案，你需要审视用户目标的完整情境，以及阻碍用户雇用产品的障碍。

【重点摘要】

- 若要深入了解用户想要完成的任务，实际上做起来可能充满挑战。用户往往无法明确说出自己想要什么，即使他们可以清楚地表达出来，他们又会显得言行不一。
- 看似客观的用户行为数据往往有误导的效果，因为它的焦点只放在“大雇用”上（用户实际购买产品的时候），却忽略了“小雇用”（用户实际使用产品的时候）。大雇用也许显示了产品达到用户想要完成的任务，但是唯有连续的小雇用才能证实这一点。

- 用户雇用新产品以前，必须了解他首先要淘汰什么，才能雇用你的产品。公司在这方面的思考通常不够，因为用户一定要淘汰某件旧产品以后，才有可能使用你的新产品。
- 想要聆听用户无法讲清楚的事情，你需要用“初心”去观察用户，并与用户互动。这种心态可以避免你做的假设过早删除关键信息。
- 你可以将各种故事情节组合起来，借此完整地了解用户目标，这些故事情节详细地描述了用户的情境、烦恼时刻、不完美的体验、感受到的挫败等。
- 在构建故事情节时，了解那些逼迫用户改用新方案的力量也很重要。这些力量包括不满意旧方案所产生的“推力”，以及新方案产生的“吸引力”。
- 了解阻碍改变的力量也很重要，包括现有习惯所产生的惯性、对新方案的焦虑等。
- 如果阻碍改变的力量很强，你通常可以用消减阻力的方式来提供创新体验，例如尽可能降低用户以旧换新的焦虑。

【领导者的思考题】

- 有什么证据可以显示你已经清楚地了解了用户想要完成的任务呢？用户的行为和他们声称想要的产品及服务一致吗？有证据显示用户采用了“小雇用”和“大雇用”吗？

- 你能讲述一个完整的故事，描述用户从遇到问题，进而淘汰现有方案，到最后雇用你的方案（包括大雇用和小雇用）吗？你的故事情节中有什么缺陷？如何填补这些缺陷？
- 什么力量阻碍了用户雇用你的产品？你如何围绕用户体验进行创新，又将如何克服这些阻力？

注释

1. Kahneman, Daniel, and Amos Tversky. “ Prospect Theory: An Analysis of Decision under Risk.” *Econometrica* 47, no. 2, March 1979: 263 – 92.

2. 你可以上莫埃斯塔的网站聆听尚未编辑的原始床垫访谈：Jobstobedone.org。

3. 这里值得谈谈“用户目标达成理论”和另一个用户导向的创新概念“设计思维”（design thinking）之间的关系。“设计思维”常应用在广泛的概念和实践中，但它其实是指一种问题解决方案，强调与用户感同身受、扩散性思考、迅速迭代解决方案。“设计思维”的核心要素是：用户体验比产品属性更重要。这也是“用户目标达成理论”和“设计思维”的共通点。由于“用户目标达成理论”为用户之所以雇用某些创新但不接受其他创新提出了“因果”解释，也为深入了解用户需求提供了一套语言，所以它和“设计思维”相辅相成，完全相通。“用户目标达成理论”的语言和思考过程，为“设计思维”所需的发掘用户目标提供了一套强大的工具，也为用户真正想购买和使用的方案提供了灵感。

第6章

打造完美的产品简历

发掘用户目标的复杂多元性只是开始而已，距离用户雇用你的产品还很远。但真正了解用户目标就好像你握有解码器，可以解析用户目标的复杂多元性，这可谓一门可以清楚地说明用户目标的语言。新产品之所以成功，不是因为它具有什么特色和功能，而是因为它带来的体验。

如果你家没有女孩，你就无法了解为什么有人会花上百美元买一个洋娃娃。我就做过这种事，而且还做过好几次。不仅如此，我还花钱买过洋娃娃的衣服和配饰，我给自己买衣服的费用可能比给洋娃娃花的还少。

我女儿凯蒂和她的小伙伴在成长的过程中，都很渴望拥有昂贵的美国女孩娃娃（American Girl）。假期过后，如果你上Craigslist（免费分类广告网站），就会发现很多家长上网购买二手或自制的美国女孩服饰，来搭配女儿的圣诞礼物。有数据显示，美国女孩娃娃的消费总额超过600美元，目前已经售出2 900万个娃娃，每年销售额超过5亿美元。

美国女孩究竟有什么特别？它特别的地方并不是娃娃本身，这些娃娃有多种风格和族裔，可爱耐用。在我看来，它们和孩子以前玩的洋娃娃很像。总之，美国女孩确实不错，但也不是多么令人惊艳的东西。

最近几年，玩具反斗城、沃尔玛，甚至迪士尼都推出了类似的娃娃，想要挑战美国女孩的领先地位，而且定价比美国女孩还低。但是到目前为止，没有一家公司能超过美国女孩。美国女孩之所以能以高价出售，是因为它卖的其实并不是玩偶，而是一种体验。

如果某家公司的产品或服务能像美国娃娃那样难以复制，那么它的长期竞争优势通常不是来自产品本身。美国女孩娃娃的创始人罗兰深谙这一点，她说："你不能只是把产品推到市场，你要营造一种体验，帮助用户完美地完成他们想要完成的任务。"你创造的体验其实就是产品履历，这份履历清楚地告诉用户："这就是你应该雇用我的原因。"

这是美国女孩长期以来如此热卖的原因，即使竞争者屡次出招抢夺市场，也未能撼动其龙头地位。我妻子克里斯蒂娜和我愿意花钱买这些娃娃，是因为我们很了解它们代表的价值。美国女孩想要提供给消费者的是人际关系和自信，以及有机会更长久地细细品味童年生活。

我发现，根据清楚定义的用户目标来营造合适的体验，接着再围绕这些体验来规划组织结构（将于下一章讨论），几乎可以避免公司遭到颠覆性竞争的冲击。颠覆性竞争的对手几乎都不太了解"用户目标"，也很少关注产品以外的意义。

女孩子之所以购买美国女孩娃娃，是想借由这些娃娃来抒发情感，肯定自己的身份、自我意识，以及文化和种族背景。此外，美国女孩娃娃也带给她们希望，让她们相信自己可以迎接生活中的挑战。对于家长（实际购买娃娃的人）来说，他们想要鼓励母女一起讨论先辈的女性，以及这些女性面临的困境与展现出的坚毅。随着女权运动的兴起，越来越多的妇女进入职场，这类母女对话逐渐消失了。作为现代的母亲和祖母，她们都很渴望在生活中恢复这种母女之间的交流。

罗兰指出："我确实觉得，创新成功是因为满足了用户想要完成的任务。"当年，她为侄女购买圣诞礼物时，因为找不到满意的礼物因而有了这个创意。当时，最热门的礼物选项只有两种：过于性感的芭比娃娃和椰菜娃娃，这两个选项都无法帮助她和心爱的侄女交流沟通。她对美国女孩这家公司的愿景，几乎完全出自她的童年回忆——她想为购买娃娃的母女营造类似的美好体验。我在第 4 章提过，我们的生活其实是一个个非常鲜明的故事。

这些娃娃和娃娃世界反映出罗兰对"用户目标"的细腻了解。美国女孩推出了数十种娃娃，代表了多元的形象。例如，卡雅娃娃是 18 世纪末美国西北部的印第安部落少女，她的背景故事描述了她的领导能力、爱心、勇气和忠诚；克里斯滕 · 拉森娃娃是在明尼苏达州定居的瑞典移民，生活中充满苦难和挑战，但她们最后坚毅地渡过了难关。现代的林赛 · 伯格曼娃娃则对即将到来的犹太女孩成人礼充满了期待。这些娃娃的一大魅力是，每个人物的人生都搭配了相关的故事情节以及历史翔实的相关书籍，书中传达的情感和烦恼都能获得女孩的共鸣，而且这些书甚至比娃娃还要受欢迎。

罗兰和她的团队为了完美地达成用户想要完成的任务，彻底思考了他们必须提供的每一个体验环节。这些娃娃不在传统的玩具店里售卖，也没有和其他竞争者摆在一起。最初，顾客只能通过目录进行邮购。

后来，美国女孩公司开了专卖店。一开始，它只在几个大都会创建了店面。他们发现，实体店面可以增添顾客体验，于是把去美国女孩专卖店购物变成了母女（或父女）同乐的特殊日子。美国女孩专卖店里还有娃娃医院，可以修复娃娃打结的头发或破损的零件。有些专卖店里还有餐厅，让一家人与娃娃开心地坐在一起享用儿童餐，或是举办生日派对。由此可见，娃娃成了亲子活动的催化剂，可以为父母和孩子打造一种让人难以忘怀的体验。

在创造体验价值方面，任何细节对美国女孩来说都很重要。例如，熟悉的红粉彩盒是罗兰设计的，盒子上有个透明的窗口，可以让人清楚地看到里面的娃娃。此外，盒子外面还绑了一条细长的包装绳，娃娃则放在棉纸里。罗兰记得，那条包装绳使包装成本增加了 2 美分，包装时间增加了 27 秒。

设计师建议直接把娃娃的名字印在盒子上来节省时间和成本，但罗兰立即拒绝了这个建议："你根本不懂这个设计的用意。为了让孩子觉得这份礼物很特别，你会怎样做？我不希望她打开箱子时，看到娃娃包在收缩膜里。她需要花点儿时间解开包装绳，打开盒盖，掀开棉纸——这整个过程可以让打开礼物变得更激动人心。这和去玩具店的走道从架上挑选芭比娃娃是不一样的。这是我们注意到的细节，我的灵感来自不断回想童年时那些令我兴奋的事情。"

美国女孩完美地达成了母亲和女儿想要完成的任务，所以这家公司可以把核心商品与建立起来的用户忠诚度变成一个平台，从而拓展到多元领域。娃娃、书籍、零售专卖店、电影、服装、餐饮、美容院，甚至在芝加哥还有现场表演的舞台剧——这些都是罗兰创业之前就已经想好的。她认为，这些延伸产品很直观，也很合理，而且她的灵感都来自童年的美好经验，与产品用户目标相辅相成。

去戏院看舞台剧的点子来自她幼年时的经验，那时罗兰会戴上白手套，跟着母亲去听芝加哥交响乐团的演奏。“这是我想为来到专卖店的小女孩重新营造回忆的时刻，整个概念几乎都来自我的人生经验。”她解释道，“我相信这些童年回忆可以给孩子们带来欢乐。”

美国女孩推出30年来，已经有一代粉丝长大成人，她们渴望与自己的孩子分享这些娃娃以及相关体验。我有一位朋友依然在买美国女孩的娃娃送给她成年的女儿当圣诞礼物，而且她明确地告诉女儿，她希望有一天女儿也能把这些娃娃传给她的女儿。

在美泰收购了美国女孩之后，过去两三年的销售业绩有些许下滑，但目前为止还没有其他商家能成功挑战其龙头地位。“我想，是因为没有人愿意为了营造产品体验而去投入得那么深吧。”罗兰指出，“他们觉得商品只是商品，他们从来没有掌握‘故事’这部分。”目前为止，还没有哪家玩具制造商能模仿美国女孩的成功诀窍。

解析用户目标规范

前面提到过，用户目标是复杂多元的，但深入了解用户目标就像握住解码器一样，可以破解用户目标的复杂性，解析用户目标规范。“用户目标”是从用户的观点，去看用户遇到的烦恼、他们想要获得进步的情境；相反,“用户目标规范”则是从创新者的观点来看，新产品该如何设计、开发和提供，才能帮助消费者达成想要完成的任务。

你可以从用户目标规范中看到用户目标的相关细节，包括功能、情感、社会层面的进一步定义；用户愿意接受的取舍；必须打败其他选项；必须克服的障碍和焦虑。这种因深入了解而开发出来的商品，应该有相应的计划来克服种种障碍，并营造出购买及使用产品的合适体验。所以，用户目标规范是一套蓝图，它能够把用户目标的丰富性与复杂性全部转换成一套可行的创新指南。设计产品时，若是缺乏清楚的用户目标规范，即使是最先进的产品也可能失败。

在创造用户价值时，有太多的细节必须拿捏准确，而且需要做很多棘手的取舍，创新者无法全凭运气猜对。你为用户目标规范创造的体验是开发产品的关键，这样才能开发出用户不仅想用而且想一再使用的产品。用户目标导向的创新之所以难以模仿是有原因的，公司在这样的细节里创造出长期的竞争优势，因为这正是用户判断一种产品优于其他产品的方式。

体验可以索取高价

在课堂上，我会让学生看一张图表，用来说明如何从用户目标的角度创新。这只是一个简单的图示，其目的是要凸显一个重点：发掘及了解用户目标是一切创新的基础。但是，想要开发出用户一定想买而且会以高价购买的产品，这只是第一步。

想开发出用户愿意以高价购买的产品，你不仅需要了解用户目标，还要为购买及使用产品营造合适的体验，然后把这些体验整合到公司的流程中。发掘用户目标、创造用户想要的体验、以用户目标为核心进行整合，这三个层次都非常重要。公司了解并掌握了这三个层级，就能以竞争对手无法轻易模仿的方式完成用户目标。

以宜家为例。宜家是全球获利最好的企业之一，而且它们保持业界成功的地位已经数十年了。宜家创始人英格瓦·坎普拉德是全球数一数二的富豪，他如何靠着这些看似不起眼的DIY（自己组装）家具累积起如此庞大的财富的？因为他找到了用户想要完成的任务。

这家企业没有什么特殊的商业机密，任何竞争对手都可以到宜家的店里参观，模仿其商品或抄袭商品目录，但没有人这样做，为什么呢？宜家的整个商业模式，不管是购物体验、店面布局、产品设计、包装方式等，和一般的家具店截然不同。多数家具店是按照客户群体或产品类型来规划的，客户群体可以按照人口统计学来区分，例如年龄、性别、学历、收入水平等。有些竞争对手将其客户群专门锁定在有钱人身上，例如罗奇堡家居的沙发售价达数千美元。而有些家具店则专门销售低价家具给低收入者。另外，还有许多其他类型的家具家，如专门为都市居民设计现代家具，或是专门销售办公家具的公司。

宜家的客户群不是由人口统计学界定的，而是根据大多数用户进驻新环境时想要完成的任务来设计产品：“明天我一定要把这个地方的家具全部搞定，因为后天我就要上班了。”

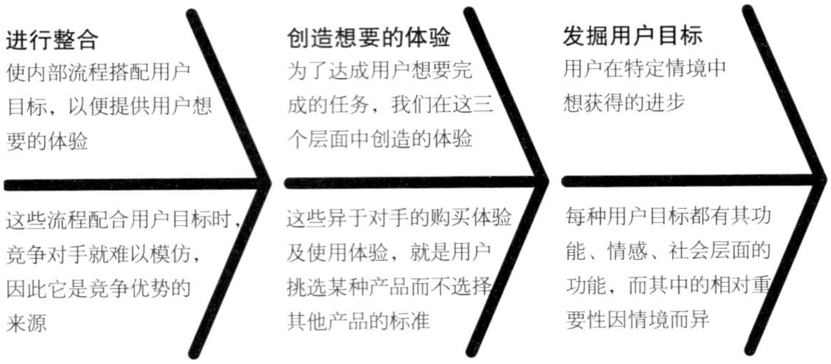

以用户目标为核心

© 杰姆斯·德·弗里斯

其他家具店可以复制宜家的产品，甚至抄袭店内的布局，但它们很难模仿宜家提供的用户体验，以及帮助用户克服种种障碍的模式。

在我认识的人里面，当他们需要尽快搞定家具时，没有人会觉得花一天逛街买家具是一种乐趣。这不是休闲娱乐，而是一种令人沮丧的挑战；再加上购物时他们可能还要把孩子带在身边，那简直是自讨苦吃。宜家在店里设计了托儿区，你可以把孩子放在那里玩耍，然后进商场采购家具。此外，店内还有餐厅和冰激凌店，购物结束后你可以休息一下。如果不想等家具店把书架送到你家里，那么宜家扁平的商品包装可以直接放进大多数的汽车里，或是绑在车顶上。看到满地的零件，想到要自己组装家具，你就觉得头大吗？那是肯定的，但宜家的家具没那么夸张，因为宜家的设计都是为了让用户用一个简单的工具就能组装。而且，商品包装里已附上这个工具，通常放在其中一片木板内，以免开箱时不慎遗失。在我认识的人之中，每个组装过宜家家具的人在组装完之后都觉得很有成就感。

那么，宜家是在和谁竞争？我儿子迈克尔搬到加州读博士时，就是去宜家采购家具的，他说宜家“让我当天就搞定了住处的所有家具”。他必须决定选购一些家具来完成任务，所以他如何做出决定呢？他必须先有选择的标准。基本上，他会考虑到他有多在乎商品的本质，包括价格和质量、必要的功能及取舍。不过，他更在乎每个方案所带来的体验，以及雇用每个方案时必须要克服的障碍。

即使宜家的家具比其他地方贵，他还是决定雇用宜家，因为它比其他选项更能帮助他完成任务。

我们之所以愿意为这些商品支付高价，是因为无法完成任务的总成本太大了，包括用户浪费的时间、感受到的失望、乱花的冤枉钱等。这些“麻烦”的代价高昂，毕竟你为了找出合适的方案已经投入了时间和精力。所以，即使好的方案比较贵，相较于你投入的精力（不只是金钱，还有个人资源），其价格高一些也显得微不足道了。

其他家具店也可能给迈克尔提供送货到家的免费服务，但要等好几天甚至几周才会送到，那么他明天要做些什么呢？Craigslist网站上有便宜货，但他必须自己凑足整套家具，还要租车去卖家那里取货，可能还要请朋友帮他搬运家具上下楼。折扣家具店也许具备宜家的一些优点，但自己在家组装没那么容易。一些尚未完成加工的家具店有质量不错的家具，但需要自己上漆，这些工作在小公寓里其实很难处理，迈克尔不可能做出其他选择。

当你知道竞争对手是谁时，才能打造出对用户来说很重要的体验。如此一来，你才知道如何为产品打造履历，让用户选上你。当你把用户想要的东西考虑周全时，用户就很乐于为此付出高价，因为你比起其他对手来说，更有可能帮他达到目的。

不过，我必须厘清一点：有时用户会被迫购买高价产品，这是因为他们在生活中已经使用了另一个息息相关的产品，例如贵得要命的打印机墨盒、智能手机的充电器或外壳。我们之所以勉强付出高价，是因为当时没有更好的方案；而且在购买产品的同时，我们也厌恶公司这样剥削用户。这种产品其实已经给用户造成了焦虑，而不是化解焦虑——我讨厌监控孩子用了多少彩色打印机的墨水，也不喜欢因为找不到充电器而焦虑，这些都不是用户乐于支付的高价产品。与之相反，若是一种用户目标导向的创新，那么用户一点儿都不会在乎高价，反而会欣然接受这个方案。

克服障碍

成功帮助用户完成任务的产品，其实是在生活中为用户提供服务，它们帮助用户克服了有碍进步的障碍，例如“帮我搞定住所的家具”“帮我和孩子分享丰富的家族史”。营造体验和克服障碍是产品变成服务的方式，这样一来，产品就不再只是功能和收益较好的商品而已。

医疗器械制造商美敦力在印度推出新的心脏起搏器时，吃尽了苦头才学会这一点。表面上看来，印度市场充满了潜力，因为心脏病是印度人的第一大死因。但基于多种原因，很少有患者会选择安装心脏起搏器来解决这个问题。多年来，当美敦力开发产品时，一直是依赖传统的研究形式。当时担任国际业务开发高级总监的凯恩·蒙森回忆：“我们很擅长了解功能层面的用户目标。”例如，美敦力准备改良心脏起搏器之前，会先找来一群医生，询问他们希望新款装置有哪些功能。接着，公司会进行量化调查来验证医生小组的意见。之后，新产品就应运而生了。

美敦力的新版心脏起搏器显然更胜一筹，但它在印度的销量很不理想。美敦力长久以来依赖定性或定量的方法，始终无法确切地回答“为什么患者会想用心脏起搏器”或“哪些因素阻碍患者使用心脏起搏器”等问题，这一点已经困扰蒙森很久了。

采用“用户目标”的视角之后，美敦力的团队和Innosight咨询公司（包括本书的合著者邓肯）对在印度出现的问题重新展开研究。他们采访了医院及护理中心，在印度各地采访了上百位医生、护士、医院的行政人员和患者，结果找到4个阻碍病人获得心脏医疗的障碍：

- 患者对医疗需求一无所知
- 缺乏合适的诊断方式
- 医疗体系过于复杂，患者未必能得到治疗
- 价格太高，负担不起

虽然有些竞争对手也提供了类似的医疗服务，但美敦力最大的竞争对手其实是上述障碍所导致的“尚未消费”。

若是从传统的观点来看，美敦力可能会找来更多的医生，询问他们对产品有什么要求和取舍，例如他们最在乎什么功能，不在乎什么功能？从营销的观点来看，询问患者想要什么并不是他们主要考虑的问题。

蒙森说，美敦力通过用户目标的视角来重新审视问题时，发现情况其实更加复杂，并不是高管们研读大量统计资料或询问心脏病专家的意见后所想的那样。美敦力完全忽视了用户目标这一关键。

对需要安装心脏起搏器的患者来说，这个过程充满压力和障碍，因为他必须通过层层关卡。首先，他可能要先看病，这通常是医疗的第一线，但并非每个医生都受过正规医疗训练。这些医生每天要为数百名患者看诊，“患者经常排队排到大厅。”蒙森回忆道，“等着看病的人非常多，从大厅一直排到诊室的门口。”对每个患者，医生大概只看 30 秒，接着就去开药或转给专业医生。需要安装心脏起搏器的症状很容易和其他病征混淆。全科医生几乎不太可能把潜在患者转给心脏科医生，让心脏科医生帮他安装心脏起搏器。

如果真的将患者转给心脏科医生就诊，那就表示他从此被丢进一个陌生的医疗体系——这个系统不仅令人混淆，而且费用高昂，病人必须自掏腰包付费。

所以，美敦力不仅对营销方向进行了调整，也调整了服务，直接锁定潜在患者。例如，它和印度当地的心脏科专家合作，在印度各地成立了心脏筛查门诊，为潜在患者提供免费检查，让他们直接接触心脏科专家及高科技设备，不需要先去找不堪负荷的家庭医生看诊。

对患者来说，心脏起搏器和看病的费用都是不小的支出，所以美敦力设立了一个贷款计划，帮助病人支付心脏起搏器的安装费用。美敦力原本假设患者比较喜欢那种在自己过世时才到期的贷款，这样一来，万一自己过世了，也不会导致家人背负债务，这样做考虑的是情感层面和社会层面的用户目标。但在接触患者后美敦力发现，患者本人确实偏好那种贷款，但亲友的偏好则不同：他们通常会想办法帮患者筹钱。在这种情况下，患者可能会申请过桥贷款，以便筹足医疗费。美敦力会确保贷款流程不让患者望而生畏：贷款通常在两天内核准，而且只需要很少的文件，不需要抵押资产。

对患者和家属来说，印度的医疗体系极其复杂，令人不知所措。因此，美敦力开始和当地的医院合作，设立患者咨询师，并将这个岗位的人称为“夏尔巴人”，他们可以帮助患者面对复杂的医院官僚体系，让他们专注于疗程及出院后的护理。

由于患者咨询师大受欢迎，医院便询问美敦力，能否让患者也通过传统的渠道取得心脏起搏器，然后再向咨询师寻求协助。美敦力看出这是从医院体系进一步发掘用户目标的大好机会，所以他们马上把握住了机会。“我们发现咨询师的角色非常重要，因此对这个角色做了调整。”蒙森回忆道，“我们把咨询师的价值融入医院体系以及商业模式中，这使得我们变成了合作伙伴的首选。对我来说，这就是应用用户目标导向的典型案例。”

美敦力通过印度“全民心脏健康计划”出售的第一个心脏起搏器于 2010 年年底安装完成。目前，美敦力和印度 30 个城市的上百家医院进行了合作，印度也成为美敦力成长潜力最大的市场之一。

印度次大陆心血管集团的副总裁夏米克·达斯古普塔指出：“全民心脏健康计划从开始推出到 2015 年 12 月，约有 16.7 万名患者做了心脏筛查，其中有 8.99 万名患者接受了咨询；约 1.5 万名患者获得了治疗，其中约 550 位患者取得了贷款协助。”

这些都是美敦力及其医疗伙伴合作达成的成果，这些医疗伙伴协助美敦力达成了用户想要完成的任务。“通过全民心脏健康计划的评估，美敦力了解患者在不同的医疗阶段对合作伙伴的需求，这些合作伙伴在移除就医障碍方面是很大的助力。”达斯古普塔指出，“在这个案例中，融资、管理贷款、筛选及咨询患者的合作伙伴扮演了很重要的角色。有了全民心脏健康计划，美敦力才能为患者、医疗专业人士和医院提供更大的价值，真正彰显原本难以展现的产品差异化。”

Uber体验

为特定情境的用户目标营造一套合适的用户体验，这显然不是大家普遍了解的道理。例如，我认识的人都讨厌租车的体验。当你刚下飞机，还因舟车劳顿而疲惫不堪的时候，这时你只想尽快赶往目的地。但你首先要在机场找到租车的柜台，或是搭上接驳车前往机场外的停车场取车。排队领车的队伍往往很长，终于轮到你的时候，你才发现原来你还有“快速通道”选择。此外，你还必须算好还车的时间，以便在还车前把油箱补满，不然就可能支付高于市场价的“补油钱”。

我认识的每一个租车人都会焦虑地跟在租车人员的旁边，看着他是否会检查出汽车多了剐损或凹痕。有些租车点在周末还会提早关门，这也会影响你开回机场还车的时间。即使在这个过程中毫无差错，但随之而来的焦虑也会让你体验到不愉快的租车体验。

光是上谷歌搜寻“租车评价”，你就知道用户多讨厌租车体验了。我们不难找到一些标签，告诉我们租车业为用户提供的服务有多烂，例如推特上可以很轻易找到“赫兹租车烂死了”和“安飞士租车烂死了”等标签。你在网络上也可以看到许多用户大力抨击租车公司的怨言，他们抱怨的大多不是租来的车子，而是租车的体验。但租车公司除了稍微修改服务以外（让长期客户可以直接跳过机场柜台的报到手续），依然把竞争主力放在价格或提供多元化的品种上。

于是，用户只好积极地寻找变通之道，即使权宜之计不完美也没关系。如果个用户出差到外地，而他在公司里的职位较高，那么他就可能要求当地资历浅的员工搞定租车事宜，到机场来接他，或是干脆雇用一整天私人司机。我认识一个人，有一次他因为飞机突然改在其他的机场降落，于是干脆呼叫优步司机，从密尔沃基一路打车到芝加哥，以避免租车带来的压力和麻烦。

对租车公司来说，这些替代法应该具有警示意义。在不久的将来，当“移动”变成用户追求的主要目标时，租车公司将面临新兴对手的冲击。租车公司若是无法为用户提供完美解决任务的体验，那么它很容易受到破坏性的冲击，因为一旦更好的方案出现，用户会马上放弃租车业务。

相反的，优步显然很了解其中的利害关系。过去几年，很少有公司像优步这样吸引了诸多媒体的关注。在我看来，优步之所以成功是因为它充分掌握了用户想要完成的任务。没错，优步往往可以用一部好车让你从甲地打车到乙地，但这不是它的竞争优势。优步在帮助用户完成任务时，也提供了优于现有选项的体验，这才是它成功的秘诀。

攸关用户体验的一切，包括情感层面和社会层面的用户目标，优步都考虑到了。例如，没有人喜欢跟陌生人在路上抢出租车；没有人想付钱请司机在外头等他开完会，或是开完会后才呼叫司机来接。有了优步以后，你只要在手机上按几个钮，就知道 3~7 分钟会有司机来接你，你只需轻松等待就好。你不必担心钱包里没有足够的现金，或是担心用出租车的刷卡机付费后，信用卡在其他的地方遭到盗刷，呼叫优步比自己打出租车更有可能让你削除焦虑感。而且，搭乘优步时会留下叫车记录，你知道司机是谁，从他人对司机的评价中也可以知道他是否可靠。优步不仅在和出租车及租车公司竞争，它也在和搭乘地铁或是请朋友来接送等选项竞争。

如果公司只关注优化产品，它就会忽略一个最强大的因果机制：什么是用户购买产品以及使用产品时很在乎的体验呢？如果你不知道答案，用户就可能不会选购你的产品。

怎样知道产品用户目标符合我想要完成的任务?

亚马逊也非常清楚用户重视什么体验，它的一切设计都是为了给用户良好的体验。亚马逊之所以成长迅速有许多原因，但是若少了“用户评价”这个设计，它就不可能变成“什么都卖”的电商之王。事实上，我认为这可能是潜在竞争者最难复制的特色。

为什么亚马逊的用户评价如此强大？因为它帮助用户获得了他们想要的进步。不论是在我家还是我朋友家，你都可以看到很多从亚马逊买来的用品，例如电视机、电饭锅、数码相机、奶昔机。是什么因素让我和数百万人敢在网站上仅靠产品说明就买下自己不熟悉的商品？网页上必备的功能和特色列表其实对我的帮助不大，事实上，我通常会直接略过这些信息，而且我会直接根据一句话来判断这个产品能不能提供我想要的用户目标：“56 条商品评论，21 条回应。”

当然，看到一项商品有许多四星的评分，这对我确实有帮助。但我真正想知道的是，为了同一个用户目标购买商品的用户都有什么评论。例如，在面包烤箱的商品页面上，可能有很多关于“吐司能否烘烤均匀”的评论（显然很多人在乎这一点！）。但我真正想知道的是，它能不能帮我加热速冻比萨，因为我不想用传统的烤箱。又如，我相信很多人在乎数码相机的像素和变焦功能，但我只想知道这台机器是否简单好用。换句话说，亚马逊让我更有信心在网络上购买自己不熟悉的商品，因为我可以看到追求同样产品用户目标的用户留下的使用心得，并从这些用户的评价中评估对我最重要的效能。

亚马逊显然很清楚这些用户评价的重要性。它还有“评论名人堂”以及“千佳评论者的排行榜”，根据用户评论选为“有用”的次数和比例来排名。2015 年，亚马逊还推出一种技术，能够让新的评论者、已确认购买的买家以及较多人评选为“有用”评论的评论者获得较高的权重。

在亚马逊上出售商品的公司非常在乎这些评论者的影响力，所以它们经常会在用户收到商品以后马上给他们发电子邮件，询问用户有什么意见，以便拦阻可能的差评。这些公司为了避免留下差评，已经使出了浑身解数，包括无条件退款或换货，以免那些超级评论者留下差评。他们的差评肯定会影响许多用户的购买意愿，因为这些评论所提供的体验深受其他用户的重视，“我不希望买了东西以后还要退货，或是自认倒霉，花了冤枉钱。我也不希望用了两天以后才发现这东西根本没用，需要再买其他产品。那么，我如何确定自己买的没错？”

近几年，在线评论彻底改善了许多商品的购物体验。只要上网点几下鼠标，你就可以查到各种商品的评价，从修车厂到保险公司都能查到。在线评论促使更多人购买卓越的产品。

但是，在线评论有优点也有缺点。从企业的观点来看，商家有史以来第一次被迫思考：如何在网络上清楚地传达“谁不该雇用这个产品”。用户雇用商品或服务去达成不恰当的任务时，可能会大失所望，甚至上网留下大量差评，影响后续的业绩。例如，一些餐厅经营者会抱怨，点评网站上的评论使他们动辄得咎，只能任凭不懂美食的客人“批评指教”。

爱彼迎的全球策略总监奇普·康利指出，爱彼迎是和“房东”合作，让房主刊登的租屋信息清楚地显示哪些人适合租用，哪些人不适合。爱彼迎建议房东想象，“每个潜在房客的额头上都有一张无形的成绩单”，以此用来评价实际的投宿地点与用户的预期是否相符。如果“过度吹嘘”自己出租的住所，那么这个房东很快就会在爱彼迎上自食恶果。在越来越多的市场上，用户评论几乎已经成为交易的媒介。

那么，爱彼迎上刊登的租屋信息会强调附近邻里的状况，以及房客待在那间房子里可以获得什么体验吗？例如，住所方便吗？安静吗？热闹吗？出租屋的描述以及照片上都应该涵盖这些细节，以免房客住了以后大失所望，留下差评。

研究显示，多达95%的消费者会参考网络点评，86%的消费者表示网络点评会影响购物决策。[1] 45岁以下的消费者中，有近1/3的消费者在购物前都会先查网络点评。因此，企业必须思考，如何告诉用户是为了什么用户目标而设计商品[2]，以及潜在用户何时不该考虑雇用这些商品。这些都是商家需要思考的新方向。

目标品牌

有一种工具可以避免用户把你的产品或服务用错地方。品牌发挥完美的效果时，就成了“用户目标”的代名词。你看到下面列出的品牌，一定会马上想到它们的用户目标：优步、报税软件TurboTax、迪士尼、梅奥医院、车联网公司安吉星、哈佛大学、交友平台Match.com、网上订餐平台OpenTable、领英。

还有我个人最喜欢的电视剧《二十四小时反恐任务》的男主角杰克·鲍尔，当你需要在24小时内拯救地球时，找杰克·鲍尔准没错。

当产品可以一再达成用户想要完成的任务、营造合适的用户体验时，它等于在告诉用户：“你不必再寻寻觅觅了，有我就搞定了！”如果你需要为出租屋添置家具，或是帮女儿的宿舍添置家具，你会希望附近就有宜家。可见宜家已经变成“帮我今天就把家具搞定”的目标品牌。

目标品牌扮演着对外沟通的角色，它在向外界传达产品的“内在属性”如何提供一套完整的特定体验。目标品牌的定位放在促使用户购买产品的机制上。也就是说，它们完全掌握了用户想要完成的任务。目标品牌告诉用户：有我就搞定了！

对企业来说，完美达成用户任务的回报不是获得品牌名气或得到忠诚的粉丝（虽然这也会随之而来），而是用户会把其品牌产品融入自己的生活。由于目标品牌是以用户目标为核心来进行整合，而不是随着竞争市场起舞的，因此，目标产品可以颠覆产业结构，改变竞争的基础，而且其售价也比较高。

如果你想在家里享用一杯好咖啡，在Keurig咖啡机出现以前，你可有得忙了。“父母救星”Lunchables（方便套餐）其实不是在和快餐店、奶酪或饼干竞争，但它们确实帮父母省去了很多麻烦。在弗雷德·史密斯创立联邦快递以前，所有的快递急件必须交给快递员，然后由快递员搭机飞往目的地，以便在重要的期限以前送达。

现在，联邦快递已经是家喻户晓的品牌了，但几十年前要打进市场几乎是一个不可能完成的任务。不过，从用户目标的视角来看，这种商业模式很合理——竞争者之所以能够成功地打入看似封闭且成熟的市场，是因为他们找到了现有从业者都不重视的重要用户目标。皮克斯的出现，让看电影的人有理由去关注电影制片厂；苹果品牌的出现，让用户相信科技可以兼顾简单易用及设计优雅；美国女孩娃娃让母亲和女儿有机会产生共鸣，营造母女同乐的体验，目标品牌是不按产品分类发展的。

密尔沃基电子设备公司在两个领域中以Sawzall和HOLE HAWG这两个强大的目标品牌独占鳌头。Sawzall是一种复式电钻，当工匠需要迅速切开墙面，又不确定墙面下有什么东西时，通常会使用它。它可以帮助工匠安全地切开任何东西，启动电钻时无须恐慌。例如，当我看到一面墙，但不知道墙的后面有什么东西时，我就会想到Sawzall。

水电工通常会使用密尔沃基的HOLE HAWG，这是一种直角电钻。当你在狭窄的空间里需要钻孔时，就会用上它。百得、博世、牧田等竞争对手也提供功能和价格相当的复式电钻及直角电钻，但这些竞争对手都不是能让工匠马上联想到的目标品牌。几十年来，密尔沃基公司在这两个用户目标领域囊括了80%以上的市场。

密尔沃基生产的其他工具则是带着密尔沃基的品牌上市，但没那么有名。“密尔沃基”不会让你联想到任何市场，但Sawzall和HOLE HAWG都有其特定的用户目标，它们已经变成了目标品牌。

目标品牌的目标非常明显，它们已经成为“用户目标”的代名词。设计完善的目标品牌会让用户不再考虑寻找其他选项，他们就是喜欢这个品牌。目标品牌之所以能索取高价，是因为用户为了获得品牌提供的指引，心甘情愿掏钱购买。

联邦快递就是打造目标品牌的好例子。它的用户目标很早以前就存在了：“我需要把这件东西从这里送到那里，而且要以最快的速度完美达成。”以前，一些美国用户会使用美国邮局的航空邮件，急得要命的人则是花大钱请快递员搭机送达目的地，但没有一家公司专门为这个用户目标设计服务。它们的替代方案因为无法完美地完成任务，从而导致品牌受损。联邦快递为了这个用户目标专门设计出一套服务，而且每次都完美地完成了任务。于是，大家想寄急件时，马上就会联想到联邦快递这个品牌。

这不是靠广告打造的品牌，它是在用户雇用服务后，发现它可以完美地完成任务，由此联邦快递才变成目标品牌。事实上，联邦快递的英文“FedEx”在国际商务上已经变成了一个动词，与“递送急件”这个用户目标密不可分。

很多目标品牌（包括星巴克、谷歌、Craigslist）一开始都很少打广告，它们的品牌强大以后，甚至变成动词（例如“你谷歌一下就知道了”）。这些品牌之所以如此强大，是因为它们和某个明确的用户目标有关：它们以用户目标为核心，并且不断地改善产品或服务。用户想要完成某个任务时，大脑中会马上联想到这个品牌。

同理，无法以用户目标为核心来进行整合的品牌，就可能变成毫无特色的一般用品，被迫靠降价竞争，以及和其他相似的对手竞争。航空公司、汽车制造商、连锁商务酒店、租车公司、山寨计算机制造商都是如此——被冠上“山寨”这个字眼从来都不是什么好事。

企业为了变出新花样，或为了让涨价看上去更合理而增添产品效益和功能时，很容易就忽略了目标品牌的威力。多年来，沃尔沃在我的家乡是家用房车的首选品牌，它独特的方形车体在学校、超市、棒球场的停车场随处可见。沃尔沃的家用房车可能比其他品牌的房车更贵，而且坦白地讲，它的外形也不太诱人，但它代表了一种重要的特性：安全。1927 年，沃尔沃汽车品牌创立时，两位创始人就明确提出其产品的目标：“汽车是人开的，因此我们在沃尔沃所做的一切，其背后的指导原则都是为了安全，而且必须永远如此。”此后的数十年间，这家瑞典汽车厂变成了安全可靠的目标品牌，也缔造了卓越的声誉。

但是，1999 年福特汽车收购了沃尔沃以后，沃尔沃似乎偏离了这个明确的品牌定位。为了和豪华轿车竞争，它们开始推出花哨的车款。结果不仅业绩下滑，还拱手让出了市场。竞争对手有机会标榜安全功能，沃尔沃不再是“安全”的代名词。2005 年，沃尔沃不再赢利，再加上之后经济低迷，2010 年福特终于放弃了沃尔沃，以远低于当初的收购价，把沃尔沃汽车卖给了中国的吉利汽车。

“我们迷失了方向。”2013 年沃尔沃汽车的北美首席执行官托尼 · 尼柯洛西告诉《汽车周刊》，“我们必须回到根本，大众想要的是我们这个品牌所代表的意义：环境、家庭、安全。我们只是不善于传达而已。”[3] 在吉利汽车的管理及大举投资下，沃尔沃重新把焦点放在安全可靠上，并于 2015 年重新开始成长。但我担心沃尔沃已经永远失去了其目标品牌的地位。

目标品牌清楚地显示了哪些功能和用户目标息息相关，哪些潜在的改善最终将证明无关紧要。目标品牌不只是为了得到用户的青睐，它也为差异化、高定价与成长创造了很大的机会。明确的目标品牌指引着企业的产品设计者、营销者、广告商开发及营销更好的产品。在后续的两章中，我们将探讨“用户目标”如何指引公司设计出完美完成用户任务的产品和体验，而且不会过度设计出用户不想购买的产品。

目标品牌就像画龙点睛，打造得适宜时，它就是终极的竞争优势。这等于在告诉用户：“别再找了，别再费心购买其他商品了，你只要雇用我，就可以完成任务！”

【重点摘要】

- 充分了解用户想要完成的任务后，下一步是开发出能完美完成任务的方案。由于用户目标是复杂且多元化的，因此你的方案也必须如此。用户目标的特定细节以及对应的解决方案，是确保创新成功的关键。
- 你可以在“用户目标规范”中掌握用户目标的相关细节，这包括功能、情感和社会层面的进一步定义；用户愿意接受的取舍；必须打败或其他选项；必须克服的障碍和焦虑。用户目标规范是一套蓝图，它能够把用户目标的丰富性与复杂性全部转换成一套可行的创新指南。

- 完整的方案不仅包括你的核心产品或服务，还必须包括细心设计的购买体验及使用体验。这些体验必须在用户雇用你的方案及淘汰旧方案时，帮助他们克服可能遇到的障碍。这表示所有的成功方案都是一种服务，即使你销售的是产品本身。
- 如果你能完美地完成用户想要完成的任务，那么久而久之，企业的品牌就会变成目标品牌。用户会把它和完美解决重要的任务自动联系在一起。目标品牌为外在世界提供了明确的指引，它让外界知道你的公司代表什么，也为员工的决策和行为提供了清楚的指南。

【领导者的思考题】

- 你的用户目标规范中必须包含哪些重要的细节？你了解用户遇到的障碍吗？目前的方案涵盖了所有的细节吗？
- 用户目前有哪些购买体验及使用体验？这些体验符合用户目标规范的要求吗？这其中有什么改善的机会？

注释

1. 数据源：为上千个品牌和零售商提供评分、评论和问答技术的公司PowerReviews。

2. 最近，我看到一篇报道指出，一家餐厅的老板很后悔他的餐厅一开始在Yelp上获得好评，因为这些好评吸引了喜欢高级美食的食客到餐厅探询隐藏版的美食，但他的餐厅其实只提供家常美食。他本来无意吸引这些追求顶级美食的食客，结果是这些食客不但败兴而归，还上网留下了差评。

3. Rong, Blake Z. “ The Future of Volvo” . *Autoweek*, December 29, 2013. http://autoweek.com/article/car-news/future-volvo.

第三部分

企业如何以达成用户目标为导向？

“真正的挑战在于，当你仍然无法看清未来的全貌时，
如何让你的力量、团队在未来的发展蓝图上各就各位。
用户目标达成理论可以帮你做到，只要你运用得当，
这个理论就会出奇地有效。”

——安吉星创始人兼首席执行官切特·休伯

第7章

以用户目标为核心

组织通常是按功能、商业部门或地域来规划部门结构的，但能够顺利实现增长的公司是以用户目标为核心来改善组织结构的。它们的竞争优势来自组织的独特流程，即整合各部门以达成用户想要完成的任务。

2015 年的大部分时间里，我都在被一种疾病折磨着，但医生始终找不出病因。我做了多次检查，但医生就是看不出哪里有问题。于是，我被转到梅奥医院接受为期一周的专家检查，看能不能找出病根。总之，后来我得到的最贴切的诊断结果是，我体内的神经系统发炎了，它们正在反弹，并且对我表达不满。当时，我几乎每时每刻都感到疼痛。如今我对那段记忆已经有些模糊了，但现在回想起来，我发现梅奥医院提供了完美的整合体验，帮助我克服了完成任务的种种障碍，这是我多年来在其他的医疗机构看病时从未体验过的。

梅奥医院不像传统的医院，会指派专人负责整个流程。例如，像我这种病人就诊时，它会思考这次检查可能会牵涉哪些医疗专家，谁可能提出最好的洞见，以及我可能以什么顺序跟医生见面。

负责流程的人会帮我约好所有的就诊时间（有时是实时安排），

以便让我去一趟医院就能接触到每位该帮我看病的医生。这些医生都必须在当天腾出时间，以配合实时的需要。他也会决定我应该看哪几位医生，并准备我的就诊数据、决定哪些医生需要一起会诊等。他的任务就是确保我当天在梅奥医院里能顺利就诊，当我在忍受病痛时，确保我完成所有的就医流程：如果我下午两点要去某个医生那里就诊，那么早上的核磁共振检查最晚必须在 11 点半以前完成。这次就诊时可能出现的任何焦虑（例如“今天能看到医生吗？”“复查要不要等两个月？”“我的保险有涵盖额外的检查吗？”），在我还没想到以前，就有人帮我解决了。

表面上看，梅奥医院也像其他的医疗机构一样按照科室来区分。但实际上，它建构组织的主要原则是流程，以便让正确的事情按照正确的顺序来完成。

“流程”这个字眼可能会让你联想到制造业的生产流水线或某个官方设定的标准。但组织把资源转换成价值时，这个过程中的一切都和流程有关。也就是说，转换过程中的互动、协调、沟通、决策模式等都是流程。产品开发、采购、市场调查、预算编制、员工培训和薪酬、资源分配都是通过流程完成的。让用户使用你的产品时获得愉快的用户体验，这就是流程组成的结果。“我们需要哪些数据才能判断接下来要做什么？”“谁负责每个步骤？”“其他事情的轻重缓急该怎样排列？”

一般来说，资源可以替代，可以买卖。产品往往能够被轻易复制，但公司为了提供用户目标而整合流程时，可以营造出完美的用户体验，从而获得竞争优势。

相较于我在梅奥医院的就医体验，传统医院通常由一个医生协调我的就医流程。他可能出于好心协调，让每位病人都有不同的体验，但是这和提供一套审慎的流程是不同的。传统医院虽然很想帮助每位患者，但它的帮助是临时安排的，每个患者何时去看哪位医生的顺序各不相同。例如，如果患者是在两个器官的交会处出现问题，则可能需要花几个月的时间，经过多次就诊以后，才能同时约到两位专家会诊。根据我的经验，梅奥的医生比传统医院的医生更容易迅速获得他们想要的答案。

从用户的观点来看，流程是无形的，但流程的结果并不是无形的。流程可能会大幅影响用户长期使用某一产品或服务。所以，企业长期的创新焦点应该放在用户想要的产品用户目标上，而非提高效率或生产力上。就像大多数的传统医院那样，没有流程也算是一种流程。情况再怎么混乱，事情还是会做完，但这并不是好现象。质量管理之父戴明说得好："如果你不能描述做事的过程，那么就表示你不知道自己在做什么。"

丰田汽车的秘密武器

多年来，丰田汽车一直慷慨地敞开大门，迎接竞争对手。每个月，它都会开放两次，让竞争对手的高管和工程师进入制造厂，参观丰田制造汽车的方式。参观者不仅可以看到知名的丰田生产系统，而且参观期间还包含问答时间，什么都能问，百无禁忌！

对参观者来说，丰田这种开放的作风也许令人惊讶。毕竟，美国对手显然很想学习丰田的秘密，以便模仿或进一步改善。那么，丰田汽车为什么对竞争对手这么慷慨呢？

其实，丰田一点儿也不担心这样做会让它的"秘密武器"曝光。丰田的竞争优势建立在其难以言喻的复杂专利流程中。如今回想起来，长年担任通用汽车主管的厄尼·谢佛接受美国国家公共电台《美国生活》节目采访时提到，他发现丰田的生产车间里其实没有特殊的秘密。“他们从来不会阻止我们在工厂里走动、了解情况，甚至向一些主要的人员提问。”谢佛说，“我本来一直想不通他们为什么这么大方。后来我发现，他们知道我们都问错了问题，我们并不了解更宏大的全局。”

这一点其实并不出人意料，流程往往难以一目了然，却非常重要。流程融合了正式订定的步骤和预期，以及非正式的惯例或工作方式。麻省理工学院的艾德佳·沙因曾探讨过这个问题，他指出，在难以言喻的组织文化中，流程是关键要素，他强调，“这对我们来说是最重要的部分”。[1]

流程是无形的，它属于公司，来自成百上千个小决策。它们是策略的关键，但无法被轻易复制。皮克斯动画工作室也将创意流程对外开放，长年担任皮克斯总裁的艾德·卡特姆还著书来讨论这家数字电影公司是如何培养集体创意的——一部电影从概念的出现、思辨、改善到完成，有一套固定的流程。[2]然而，皮克斯的竞争对手依然难以望其项背。

就像丰田汽车一样，南新罕布什尔大学也一直保持开放的态度，让潜在的竞争对手参观，还经常为其他的教育机构提供导览行程。勒布朗校长认为，经费充裕、名气比较响亮的教育组织都可能是南新罕布什尔大学的竞争对手，但是仅有这些资产并不能获得太大的优势。南新罕布什尔大学花了好几年的时间，为学生设计及整合合适的体验和流程。对潜在的竞争对手来说，这些东西很难复制。

南新罕布什尔大学上网招募学生及服务在线学生的技巧，并不都是自己发明的，它也向一些营利的教育单位学习最佳方法。不过，它的做法是把焦点放在了确保完美应对学生想要完成的任务的数百个流程上。“我认为，我们的优势在于，这些流程是我们大学内部开发的。”勒布朗说，“而且部分流程和我们的文化以及对学生的热情息息相关。”

流程不像资源那样可以被轻易衡量，在资产负债表上也看不到。一家公司只要有强大的流程，其管理者就能灵活地指派员工做事，因为不管派谁去做，这个流程都可以顺利进行。以麦肯锡咨询公司为例，世界各地的公司都会聘请它。麦肯锡的流程可以普遍套用在很多领域，所以不同专业和训练背景的顾问都可以被“安插”到他们惯用的流程中，而且麦肯锡相信自己可以交出需要的结果。即使麦肯锡的顾问每几年就要大洗牌一次，它也不必担心工作质量下滑，因为它的流程非常稳健。

当企业把用户目标变成流程的核心时，组织改进的重点就完全改变了。例如，在把焦点放在用户目标以前，南新罕布什尔大学隔几周才能回应潜在学生的询问，并且会统计“我们发出了多少邮件？”发出邮件以后，南新罕布什尔大学只会静静等候有兴趣的学生来电询问。等到真的接到学生来电询问时，南新罕布什尔大学会要求学生去查询以前的成绩单，以便进入下一阶段。也就是说，流程的动力一直掌握在潜在学生的手中，学校只是被动回应而已。按照传统的标准来看，招募潜在学生的“成本”较低，员工只要发出邀请邮件就可以，所以办公室的人员配置很简单。

现在，南新罕布什尔大学会在几分钟内回应潜在学生的反馈，它的目标是10分钟内就回电。训练有素的招生人员会打电话给潜在学生，询问对方是否允许南新罕布什尔大学去查询他的成绩单；此外，南新罕布什尔大学还会负担常见的10美元申请费。因此，南新罕布什尔大学可以在几天内就回复潜在学生的所有问题，包括入学可抵扣多少学分以及其他必要信息。

不过，南新罕布什尔大学之所以比以前更成功，是因为它把焦点放在潜在学生想要完成的任务上，让学生在几分钟内就可以和专业人员进行通话。这和让辛苦工作一天的潜在学生回到家，看到一堆垃圾邮件里有一大堆入学申请资料是全然不同的体验。如此积极地招生所获得的实质回报是：这些学生都欣然入学。潜在学生认为南新罕布什尔大学可以完成他们想要完成的任务时，就不会再花时间去比较其他的学校了，而是欣然为这个方案支付高价。

这个成功案例还有一个重要的启示：它为潜在学生移除了处理复杂事务的挫败感，包括申请助学金的流程、获取以前的成绩单等，以结构化流程来化解这些障碍。当流程呼应用户想要完成的任务时，就可以把复杂性和麻烦从用户的身上转给卖家来承担，让用户得到正面的体验，获得重要的进步。

少了明确的用户目标视角，南新罕布什尔大学就无法设计出如此紧凑的流程，也无法创造出这么大的成效。此外，任何预先设定好的运作数据都无法告诉它应该这样做，例如南新罕布什尔大学的旧系统可能会比较它发出的邮件数量和申请入学的人数，但是这个比例无法告诉学校为什么这个数字好或不好。相反，合适的用户目标视角可以促成合适的流程，合适的流程可以产生正确的数据，比如让校方知道："我们做得如何？"用户目标达成理论可以让你把焦点放在帮助用户完成任务上，而不是狭隘的内部效率。

组织重组不是只考虑谁跟谁报告

来办公室找我的资深高管几乎都面临着企业的组织重组，或是抱怨公司又该进行组织重组了。令我惊讶的是，这种组织重组相当常见。在很多公司，组织重组几乎已经变成商业周期里的惯例：许多大公司里，每隔三四年就会出现一波改变，工作职责、内部汇报流程、权责范围、损益责任、决策权力等都会受到影响，公司期望借此创造出更好的未来。

然而，这些痛苦的组织重组往往无法达到高管们想要的结果。2010 年，贝恩公司的研究显示，在追踪重组的大型组织中，有明显成效的个案不到 1/3，很多个案甚至减损了公司价值。[3] 既然如此，为什么管理者还要自找麻烦，为了组织重组召开无尽的会议，更遑论组织重组还有机会成本？大家显然对目前的绩效普遍感到不满。

以用户目标达成理论来看，大家显然把精力放错了地方。你不需要召开多次董事会、战略规划会或并购整合会议，就知道大多数组织重组的焦点是组织结构图里那些代表每个角色和汇报关系的方框和连线。当然，公司需要有组织结构才能适应营运的复杂性。你需要财务、营销、客服等专家，你需要一种方法来建构上下汇报的关系和损益责任，但这些讨论里都缺少一个关键要素。

通过用户目标的视角，我们可以看到：相较于“谁向谁报告”，更重要的是，组织的不同单位该如何互动，以便系统地提供产品，帮助用户完成任务。管理者专注于用户想要完成的任务时，他们不仅有明确的创新方向，内部结构也有重要的组织原则。

一般企业里都有负责各部门或各活动的管理者，也有负责各产品线的高管。但是在大部分企业里，没有人负责了解用户想要完成的任务，并确保企业能够提供符合这些用户目标的产品或服务。唯有通过可预期、可重复的流程，企业才能以用户目标为核心，进行全面的整合。

重症监护室就是一个很好的例子。1952 年，外科先驱德怀特·哈肯（他也是本书合著者霍尔的外祖父）注意到，患者动了复杂的手术以后通常都能活下来，反倒是在术后康复期，去世的人数多得惊人。因为患者直接从手术室转回普通病房后，没有流程可以确保这些需要特别护理的虚弱病人获得必要的护理。总之，在各大医院既有的医疗功能中，没有人负责重症监护的任务。[4]

于是，哈肯问了自己一个根本的问题："为什么每个人做着该做的事情，医院的现有流程也都照着设计运作，但患者还是难逃死劫？"这里肯定有什么问题。提出问题以后，哈肯持续思索答案。他得出的结论，促使他率先提出重症监护室的概念，医院普遍设立重症监护室。他发现医院原本的流程无法为病人提供想要的体验，在这个例子中，病患想要的是"术后顺利康复并生存下来"。

我的同事伊桑·伯恩斯坦在金融危机爆发后，暂别哈佛商学院两年，他和伊丽莎白·沃伦合作，一起成立了消费者金融保护局。他很了解用户目标达成理论，因此刻意回避组织结构图的陷阱。有些人认为金融危机是因为职权分散，无人实时纠正错误造成的。为了确保这种情况不再发生，消费者金融保护局承诺把监管工具与职权集中在一起。

消费者金融保护局把焦点放在消费者想要完成的任务上，也就是“贷款前先了解条件”。不过，伯恩斯坦和消费者金融保护局的执行小组更进一步，他们刻意把组织结构设计成支持这个用户目标。伯恩斯坦表示：“这种感觉很自然，我们看到的不是各个部门，而是用户目标。”

确立以消费者想要完成的任务为核心之后，我们可以清楚地看到华盛顿特区的一些典型的功能性分类并不合理——研究、市场、法规属于不同部门，互不相通；监管、执法、公平借贷也相互隔离。在典型的监管结构中，这些单位的任务有些许的不同，偶尔会相互冲突。例如，执法部门主要是为了惩罚违规者及弥补过去的错误；相反的，监管部门则是为了和被监管的单位维持紧密的关系，以预防问题发生。通常来看，这不仅代表截然不同的方法，也是截然不同的流程。但是把它们放在同一个单位之后，背景、职业生涯和世界观迥异的人都会为了类似的目标紧密合作：防范未来的消费金融议题，以及解决过去的消费金融问题。伯恩斯坦表示：“组织架构以及我们落实的合作流程，能帮助我们确定专业身份和消费者金融保护局的用户目标。”

例如，消费者金融保护局的政策委员会由内部的资深官员组成，他们每周开会两小时。伯恩斯坦指出，此会议的焦点完全放在消费者金融保护局应该提供的用户目标上，以及了解及完成用户目标所需要的工具。此会议由沃伦主持，由于沃伦曾在哈佛大学任教，所以会议的形式类似哈佛法学院著名的苏格拉底教学法。其讨论焦点放在组织的用户目标上，但每个人对于本周讨论的议题该如何解决，都可以发表自己的专业意见。

伯恩斯坦表示：“如果会议没有讨论焦点，大家就会自说自话。

这个组织从成立之初就运作得很好，因为我们找来了各种背景的人，包括消费者保护团体、华尔街资深人士、各级政府部门的人员，每个与会者都深受金融危机的冲击。如果他们不把焦点放在特定的用户目标上，每个人只在乎自己的‘创伤’，那么大家就只会坐在那里，相互争执，到最后落得一事无成。完成任务是我们的共同目的，也是我们存在的原因。以此为核心来凝聚众心很容易，所以我们之后会有所行动，不像华盛顿特区的典型组织那样不作为，一事无成。”用户目标达成理论为背景多元化的成员提供了共同的语言，它让专长不同的人能够相互沟通和互动，借此达成消费者金融保护局的终极目的。

能评测，就能做得到

用户目标达成理论不仅能改善流程精进的方向，也能改变评测成效的方式。它把关键的绩效标准从“内部的财务绩效指标”转变为“外部的用户效益指标”。例如，南新罕布什尔大学之所以记录它们在几分钟内回应潜在学生的询问，是因为它们注意到时间才是在线申请流程的关键；亚马逊把焦点放在用户订单送达的时间而非出货的时间上；财捷每次推出新产品时，都会根据产品提供的用户效益设计一套绩效指标。

对任何公司来说，持续关注这些重点都是一项挑战，尤其是在公司成长时，它会受到许多力量的影响。“现在，我们的规模比以前大很多，持续让公司的不同部门关注用户目标是一大挑战。”财捷的创始人库克指出，“公司里会有一些部门想转移关注点。在我们这一行，你会看到很多有关‘用户转换率’和‘用户维持率’之类的信息，我们难免会受到这些数据的诱惑。”关注效率确实比关注目标来得容易，大多数企业都很擅长提高效率。设计合适的评测指标很难，但非常重要。

库克指出，财捷为小企业推出QuickBooks的新版本时，销售部门建议，强迫试用者先注册才能使用及测试产品。“为什么不逼迫试用者先打电话给我们呢？这样做我们可以趁机推销更多的东西。”库克说，“例如，‘请购买我们的薪资服务！’”表面上，这种测试似乎可以为财捷马上带来新收益，于是公司设立内部流程来接听注册电话，同时推销给用户更多的服务，“结果反而造成用户更难注册，现在他们必须先打电话来，有时电话又正好占线。他们只是想注册，却必须听业务人员讲一堆话。我们太专注在收益上，却忽略了用户目标。”库克说，这个收益数字可能有误导效果，也许财捷真的能说服一些来电的用户购买其他产品或服务。这确实是新的收入，但这个数字并未考虑到，如果财捷更专注于提供用户想要的产品用户目标，而不是业务部门想要创造的新收益，这个收益数字可能是多少。

如果财捷想精确评测公司如何帮助用户达成想要完成的任务，它需要想出新的思考方式。“我们帮这位用户节省了多少时间？”“我们是否避免了用户花时间去做他们不想做的事？”“我们帮助用户改善现金流了吗？”“我们的流程是否有助于用户雇用我们的产品？”

但评测这些目标是否达成并不容易，库克坦言：“在我们这一行这很难做到。评测指针无法从系统中顺手撷取，我们也无法自动地评测以系统取代会计师所省下的时间，必须从调查和服务器的数据内推。”库克说：“因为不这样做的话，我们就不知道我们是否帮助用户完成了他们想要完成的任务。”

适合的评测指针有助于流程的制度化，这样一来，员工才知道他们做的事情是对的，他们的选择也是对的。俗话说："能评测，就能做得到。"从一开始，亚马逊就专心锁定用户想要的三个用户目标：多元化的商品、低价、迅速到货，并设计了相关的流程。这些流程包括评测及追踪亚马逊达成这三个以分钟计时的目标时间，最终的目标是圆满完成用户的任务，而这一切都是从终极目标往回看的。亚马逊的资深国际零售副总迭戈·皮亚森蒂尼表示："我们总是从用户的角度出发，观察用户在乎的一切指标。"

在亚马逊的每一个商品网页上，你都可以看到类似这样的句子："在 2 小时 32 分钟内下单，周二以前就能收到这款产品。"为了做到这一点，亚马逊设计了数百个流程。顾客点下"结账"按钮时，就会触发一连串的流程，这个流程会一路延伸到捡货配送中心或卖家。接着，亚马逊会追踪及评测到货的过程是否符合承诺，是否真如承诺般按时到货。

流程的运作就像是组织的潜意识，每天管理着数千种分散的活动、决策和互动，在组织远离用户目标时有策略地进行。皮亚森蒂尼表示："我们更专注于流程，而不是组织。这是我们可以迅速运作的原因之一，整个公司都采用了同样的技术、平台和同样的指导原则。"

亚马逊的创新是从对负责思考及投入创新的团队发出模拟的"新闻稿"开始的。这份新闻稿包含创新的指导原则：所有的体验和流程都是根据用户想要完成的任务设计的。并且，在创新的项目启动会议的"新闻稿"里就明确列出这些用户目标。与会者不仅包括营销人员，还有工程师、分析师等，每个与用户目标相关的工作人员都在现场。皮亚森蒂尼表示："一切都从这个新闻稿发布开始，不管谁负责这个产品，他都是流程的一部分。"

教科书上的定义告诉我们，流程的优化和效率有关。但用户目标达成理论及亚马逊的例子显示："没错，但是……" 这个 "但是" 是指，优化也应该匹配用户目标，将之纳入考虑，否则你只是把错误的事越做越好罢了。

亚马逊这个案例还有第二个重要的启示：流程设计得适宜，便可以兼顾效率和弹性。用户目标是没有弹性的，它们早已存在了，甚至已经存在好几百年了。但多年来，我们达成用户目标的方式不断在演进。重点在于思考如何达成用户目标，而不是死守着现在用来达成用户目标的方法。随着时间的演进，流程必须与时俱进。当你更了解用户想要完成的任务时，就应该修改方向。否则，你就可能本末倒置，为了配合流程而更改界定好的用户目标。

有趣的是，这种模块化的内部流程结构（也就是有些组件会一直存在，有些组件会改变）跟程序设计师所谓的 "子程序" 很相像。重复的功能（例如基本运算和三角函数）可以写成子程序，不同的流程中需要用到这些子程序时，就直接把那段复制粘贴上。在程序设计中，这个功能非常重要。善用子程序可以降低开发及维护程序的成本，同时改善质量和可靠性。常见挑战的解决方案，不是靠某个窝在电脑桌前的程序设计师临时写出来的，而是把普遍适用的方案以合理的方式融入合适的地方。

亚马逊基本上是把子程序的概念融入作业流程中，这样做的效果和效率都非常显著，远比由各个区域 "分享最佳实践" 这种传统做法更好。它会问："我们可以在其他活动中重复使用这个流程（或子程序）吗？”这是一种非常灵活的组织观点，它把组织看成许多流程的组合，每个流程都是一连串的子程序，有些子程序是特制的，有些则是直接采用模块，完美地匹配用户想要完成的任务。

完美地匹配用户目标就是“流程的优化”。如此一来，你可以避免把今天的关键流程变成未来有碍成长的障碍。

安吉星如何打造让顾客安心的系统

我有一个朋友总是赶在登机的最后一刻才抵达机场。我想，他应该从未在登机口关闭以前就提前抵达机场候机。但即使赶不上飞机很麻烦，他似乎也不以为意，他并不想改变这种习惯。总之，他不知为什么每次都赶上了飞机。

有一次，我开车送他去机场，在急着送他到登机口时，我不小心在车子尚未熄火时就把车门反锁了。车门一锁上，我才发现他的钱包掉了出来，就落在后座的座椅上。没钱包里的证件，他就无法登机。于是，我慌了起来，开始环顾四周，看有没有石头可以砸破窗子取出钱包。这时我突然想到，我购买了通用汽车的安吉星服务。几分钟后，我们顺利地借到一部手机，打电话给安吉星。之后，安吉星的工作人员远程为车子开锁，我们顺利地拿出钱包。我送走了朋友，也避免了破坏汽车。在这之前，我从来没想到自己有一天会用到安吉星的服务，但当时，我深深地被它折服了。

你实在难以想象设计这样一套系统有多么复杂。只要打一通电话，不管汽车在哪里都可以远程瞬间开锁。安吉星在那一刻帮我解决了问题绝非偶然，这套为美国和加拿大的用户提供沟通渠道、车内安全、免提通话、导航、远程诊断的系统实在是一款先进的产品。

安吉星刚推出时，其实有千万个失败的理由，但它仍然突破万难成功了。据我估计，安吉星的年收入一度高达 25 亿美元，在“净资产为负值”的情况下，为通用汽车创造约 5 亿美元的净利。

安吉星的首席执行官切特 · 休伯在通用汽车任职的 14 年间，我经常和他谈起他面临的挑战及克服的障碍。20 世纪 70 年代，休伯和我一起就读于哈佛商学院，我一直很关注他未来的职业生涯发展。当时，我觉得在受到文化束缚的通用汽车公司中，真正的颠覆性部门不可能突破企业内部的障碍，但休伯硬是找到了方法。当时，他并没有使用“用户目标达成理论”这个概念，但如今回想起来，休伯说安吉星之所以成功，是因为他们持续把焦点放在用户想要完成的任务上。从用户目标出发，一切问题就迎刃而解了。

最初，安吉星有许多酷炫功能的菜单，让通用汽车及初期的合作伙伴可以将它融入服务中，以展现合资公司之间的综合效益。它开发一些在年度汽车大展上可以吸引媒体报道的功能和效益，例如让驾驶员看到前方 7 英里道路的夜间照明系统，这种“高强度电力照明”已经被军方采用。休伯表示，他们当时的目的是为了引发讨论，制造宣传效果，即使没有很多人购买也没关系。安吉星一开始只是为了成为“史上最酷的宣传系统”。

由此可见，打造这个系统很有趣，安吉星的团队把各种功能和特色都组合在这套系统里，看起来很酷炫。例如，你开车长途旅行时，中途想找一家好的意大利餐厅休息一下，那么你按一下安吉星的按钮，就会得到建议选项；或者当路上塞车时，安吉星可以指引你改道。在安吉星的众多功能中，有一个真正全面整合的沟通系统——一旦出了交通事故，它会马上呼叫紧急救援。万一你被锁在车外，你也可以打电话给安吉星公司，它可以远程解锁。

安吉星团队认为这些是高端服务，适合豪华轿车使用，这就好像给汽车装了一套高级的立体音响或真皮座椅一样。但是，后续发展并不是他们所想的那样，当时，通用汽车的首席执行官里克·瓦格纳认为安吉星对销售汽车没有帮助，安吉星必须自己规划一套持久的商业模式，变成用户真的愿意付钱购买的产品。如果安吉星真的有希望变成可赢利的业务，它就需要了解这套系统究竟是在销售什么，以及用户想买的是什么。

一开始，安吉星的团队并不了解用户雇用安吉星来做什么，也不知道为什么用户会使用安吉星。有些用户只是随便玩玩，把安吉星当作玩具，问它一些诡异的问题，例如“我们正在长途旅行，为了一个问题争论不休，你能告诉我们7个小矮人的名字吗？”或是问一些更诡异的问题：“你现在穿什么？”用户玩过几次以后就失去兴趣了，他们会取消服务，并且说他们其实不需要这种查询服务。也就是说，对用户来说，安吉星的服务不错，但并非必要。

不过，之后有个出乎意料的发展。当然，除了一些豪华轿车的车主开始取消服务以外，有一个没预期到的客户群出现了——雪佛兰一向是通用汽车的平价车款，没想到雪佛兰的车主和凯迪拉克的车主一样，也会购买安吉星的服务。安吉星团队觉得这两个客户群重叠实在很不合理，为了找出原因，休伯要求每个团队成员（共300人）花1小时聆听客服中心寻求协助的实况。

团队成员一开始抱怨这是项额外的工作，但他们接听电话后，改变了自己的看法。他们惊讶地发现，客服中心的服务人员面临着很大的压力，而且他们帮用户解决的问题都非同小可。驾驶员发生车祸时会马上触发车内的安吉星系统。“我们的客服人员接起电话的同时，可能会直接连到车祸现场。有时候，出车祸的汽车甚至还没停下来，现场有人尖叫，或是在连环追撞中再次遭到撞击。”

了解这些实况与困难的情境，就成为安吉星帮助用户找出系统用户目标的关键。休伯说：“你会发现，用户打来的电话通常不是说‘帮我找一家好的中国餐馆’，而是‘我在不太熟悉的地方，这里很暗，你可以指引我开到比较安全的街道吗？’这不仅让我们改变了设计方向，也改变在这些情况下和用户互动的方式。”

用户雇用安吉星是为了在开车时感到安心，确定这个用户目标也促发了一连串的好点子。试想，现在是凌晨两点，你正在开车，这时车内“检查引擎”的警示灯突然亮了起来。你心想，“我还能继续开吗？引擎会不会爆炸？谁来帮我判断现在该怎么办？”休伯说：“这个服务比告诉你里程数实用多了。”所以，他们开发的技术不仅要能传送信息给安吉星的服务中心，告知引擎出了什么问题，服务人员也需要知道用户看到警示灯亮起时的感受以及他们想听到什么。了解“用户目标”解开了雪佛兰车主与凯迪拉克车主都有可能购买安吉星的原因：安全感对驾驶人来说是必需品，而不是豪华的升级配备。

因此，安吉星团队必须开发整套流程，提供匹配这项用户目标的体验。他们需要迅速地重复测试才能改善产品质量。这在瞬息万变的汽车业里并不常见，例如通用汽车支持经销商（销售第一线）的流程向来很糟。光是在车展中心向用户解释安吉星系统就已经很难了。“这要如何运作？这是连着卫星吗？还是需要一部手机？汽车是否被准确定位？有人会在驾驶员不知情下窃听车内的对话吗？”诸如此类的问题都很容易影响汽车销售，业务员也没什么动力去推销这套系统。实际上，只要有一个车主雇用安吉星，经销商就可以从车主每月支付给安吉星的10美元服务费中抽取20%。但是，这点儿小钱对经销商来说微不足道。与其向几百位车主推销安吉星的会员服务，还不如推销保暖座椅赚得更多。

休伯说："我们无法第一次就做到让用户满意，我们只能边做边学。这也是竞争优势的来源，我们可以根据学到的东西，把流程改得越来越好，一切流程都必须与用户想要完成的任务相呼应。"

在安吉星不断将产品差异化的过程中，或许最重要的是，休伯和他的团队持续地升级与改善安装在车内的安吉星技术。在汽车行业里，开发新车上市通常需要3~5年的时间，之后这款车可能会在市场上销售10年。开发和销售期如此漫长，是为了确保新车上市以前完成彻底的检验和测试，之后进行高效的生产，长期售卖。相反，科技通常需要不断迅速改进，使下一代的技术越来越好，价格越来越低。休伯知道，以通用汽车既有的测试系统来检验安吉星的升级和改进无异于自寻死路，没有人会在今年购买去年的热门技术。

休伯对无线科技几乎一无所知，但他接掌安吉星部门时，便知道无线产品的开发周期必须比一般汽车的生命周期要快许多。休伯表示："我很早就建议，除非停止采用这些规定，否则我们不如干脆放弃这个事业——因为到时候别人在卖光盘，我们还在卖磁带。"

这是一套非常复杂的流程，而且不能只用在配备安吉星系统的单一车型上，它必须让各种汽车都能通用。这表示他们必须测试并考虑到不同的状况，像系统的使用方式、使用情境、车内可能出现的各种情况。例如，万一每个车窗都锁死了怎么办？万一下大雨呢？如果驾驶员正开着光盘播放器呢？安全气囊启动后，系统还能运作吗？“我们必须检测安吉星可以在不同的机制下运作。”休伯回忆道，“而且每台车子的情况都不一样。”第一轮的检测是测试安吉星在数百种情境中的运作。而且，随着安吉星团队不断地改进产品，他们需要做的测试多达数千项，通用汽车既有的检验系统已无法应对。

于是，安吉星团队干脆自己开发流程，这也是通用汽车的首度突破。安吉星与通用汽车既有的检测团队合作，开发出期中流程和测试，并运用安吉星成员的专业技能，以确保升级的产品符合通用汽车的整体质量标准。促成这个流程非常了不起，其意义重大。

这使得安吉星可以持续在通用汽车上进行改版升级。即使竞争对手为他们的汽车购买了安吉星的技术，他们的流程也比不上团队在通用汽车上检测及测试新版的能力。所以，竞争对手的汽车有可能提供第三代的安吉星系统，但通用汽车已经采用更优越的第五代版本了。

最初几年，安吉星打造的产品是竞争对手无法模仿的。它为了用户想要完成的任务，打造出一套完美配合的体验和流程，它很难被复制。2000 年，福特汽车宣布与高通成立合资企业，共同开发车内通信服务系统Wingcast。Wingcast是安吉星的竞争对手，预计2003 年上市。但福特不像安吉星那样把焦点放在用户目标上，而是希望Wingcast变成汽车交流软件的创新发明，结果没有成功。两年后，福特公司放弃了这个计划，它完全跟不上通用汽车为了帮用户完成任务而开发出来的流程。

福特犯下的主要错误是专注于商品规范，而不是用户目标。事实上这也是高科技行业常犯的错误。风暴风投公司的安舒 · 沙玛称之为“堆栈谬误”（stack fallacy）。堆栈谬误是指工程师容易高估自己开发的技术价值，但低估技术用来为用户解决问题、获得进步的价值。沙玛表示：“堆栈谬误是指误以为再往下一层发展不重要，微不足道。”这是很多公司往下一层延伸时往往失败收场的原因。“他们无法直接观察、设身处地思考下一层产品的用户想要什么。他们与产品使用的情境是脱节的。”

我们在科技领域之外也可以看到堆栈谬误。例如，对你来说开辟一个菜园可能很简单——你知道自己喜欢哪些香草和蔬菜，只要学习怎样栽种及烹饪就好了。然而，懂得栽种及烹饪蔬果，并不表示你就懂得如何开餐厅。事实上，10 家餐厅里，有 8 家在开业 5 年内就关门大吉了。沙玛指出，生产知识和了解用户想要什么是两回事。

总之，堆栈谬误和用户目标达成理论都凸显出同样的危险：误以为拥有了技术知识就掌握了用户想要完成的任务。福特和高通都拥有大量的技术知识，但它们对用户想要完成的任务几乎一无所知。当企业把用户觉得不可或缺的任务，贬抑成微不足道的东西时，可能会因此付出惨痛的代价。相反，休伯和他的团队则持续把焦点放在用户目标上，不断地创造、改进并加强整套流程，使安吉星切实地做到让用户安心。2009 年，安吉星已经成为用户选购通用汽车某些车型的关键因素。

流程是非常强大的，从本质上看，流程的设计就是为了让员工每次都以一致的方式执行任务。当我们以用户目标为核心来设计流程，为求进步不断精进并提供用户想要的体验时，流程就会成为竞争优势的来源。

过去 6 年间，富兰克林柯维公司转移了它的事业焦点，从销售产品（培训模块），变成帮助用户优化业绩，其收益因此翻了 2 倍，利润翻了 10 倍。富兰克林柯维公司以往的营运就像典型的培训公司，设计潜在用户（例如业务人员）认为实用的培训内容，设计课程帮助企业里的讲师培训员工。但公司后来发现，培训经费在经济形势不好时很容易遭到删减。这时，用户目标分析就派上用场了，这几年公司逐渐转型。

例如，从销售培训工具给用户，变为帮助用户改善销售业绩。首席执行官怀特曼表示："我们将负责帮助用户达到商业目标。"为用户找出想要的用户目标之后，富兰克林柯维公司现在的焦点是把合适的流程整合到公司中，以确保每次都能让用户完成目标。

怀特曼表示："用户目标提供了清楚的创新轨道，我可以看到未来 10 年我们需要怎样的进步。现在的重点不再是产品导向，而是流程导向。"例如，万豪酒店愿意投入近 10 位全职员工的人力将富兰克林柯维公司的"高效执行四原则"落实到组织内部。然而，不是每位用户都有资源这样做，所以富兰克林柯维公司正在思考如何把这个方案变得更便宜、更快速、更容易推行。怀特曼指出："在我们的研发预算中，有 2/3 的资金用在流程创新上。"他们的目标是，让其开发的产品对用户而言不再复杂，使用起来更容易。怀特曼说："如果用户觉得他们只是报名攀岩，到了现场才发现自己要攀登珠穆朗玛峰，那就不好了！"

反过来也是如此，当流程和用户想要完成的任务无法匹配时，这时不断改进流程只是不断推进错误的事情而已。莫埃斯塔和他的同事建议连锁快餐公司提高奶昔销量的方法并未被采用，这是有原因的。他们的建议可能是个好主意，但这家公司的"免疫系统"马上就排斥了这个点子。公司经理认为，改变惯常的流程和资源分配太难了，所以这件事后来不了了之。很多精明的企业在不知不觉中因墨守成规、流程迂腐，进而扼杀了卓越的点子。

如果流程能完美地匹配用户目标，这是最理想的状态。但安吉星的例子也显示，在成立已久的组织中导入新的流程极其困难。有些方案从财务观点来看不切实际，或是从文化观点来看太过麻烦。下一章我们会看到，即使是完美打造的体验和流程，在企业里也很容易遭到强大力量的反对。现有流程的影响力实在太强大了，但凡事预则立，不预则废，有备无患。在下一章中，我们将讨论如何确保流程配合用户目标，为用户和股东达成他们想要的结果。

【重点摘要】

- 诚如上一章所述，成功创新的关键在于打造并提供一套对应“用户目标规范”的体验。为了提供一致的体验，企业需要开发及整合一套合适的流程。这样做可以获得强大的竞争优势，而且竞争对手难以模仿。
- 开发一套以用户目标为核心的流程来进行整合很重要，但大多数企业无法做到这一点。每家公司都有很多流程，但这些流程大多是为了改善效率，或是在特定的部门里精确地达到某种结果。提供一套完整的体验来完成用户想要完成的任务，通常需要审慎定义的新流程，也需要新机制来协调各自分开的功能。
- 想要开发及整合用户目标导向的流程有一个好方法，那就是评测及管理符合用户目标的新指标。管理者应该问问，哪些体验元素对用户来说最重要，并定义指标去评测绩效。

- 在大多数企业里，没有一个人负责确保企业持续帮助用户完成任务。传统的组织架构和分立的部门确实有价值，它们可能会存在很久，但大规模的组织重组通常不太实用。所以，想要朝着“用户目标导向的组织”演变，最好的做法是小心设立及整合合适的流程，评测正确的标准，逐渐把“以用户目标为核心”的理念嵌入文化中。
- 帮助用户完成任务的方式一定会随着时代变迁而改变。流程里需要融入弹性，持续调整及改进提供给用户的体验。

【领导者的思考题】

- 企业要如何确保用户想要完成的任务与产品开发、营销、客服的重要决策有关？
- 用户体验中的不同元素（例如你的产品、服务、营销、销售、售后服务），是否以整合协调的方式完成用户想要完成的任务？还是相互冲突？
- 你可以开发什么新流程，以更为融合的方式提供必要的体验给用户，帮助用户完成他们想要完成的任务？
- 用户使用产品的体验中，有哪些元素是完美完成任务的关键？你可以定义哪些标准来评测这些元素？

注释

1. 埃德加·沙因的《组织文化与领导力》是一般公认最具影响力的管理书籍之一。这本书把抽象的文化概念变成可以用来打造组织动态和改革的工具，参见 Schein, Edgar H. *Organizational Culture and Leadership*. San Francisco: Jossey–Bass, 1985.

2. Catmull, Ed. " How Pixar Fosters Collective Creativity" . *Harvard Business Review*, September 2008. https://hbr.org/2008/09 /how-pixar-fosters-collective-creativity。艾德·卡特莫尔、艾美·华莱士，《创意电力公司：我如何打造皮克斯动画》(*Creativity, Inc.: Overcoming the Unseen Forces That Stand in the Way of True Inspiration*) . New York: Random House, 2014。

3. 2010 年，贝恩咨询公司研究了 57 个大型组织的重组个案，结果发现，不到 1/3 的个案对绩效改善有实质的意义，有些个案还会使价值减损。

4. 哈佛医学院的葛文德教授在 2009 年的《检查表：不犯错的秘密武器》中指出，在患者护理中，光是设计及遵循流程（检查表）就能大幅改善患者的存活率，参见 Gawande, Atul. *The Checklist Manifesto: How to Get Things Right*. New York: Metropolitan Books, 2009.

第8章

紧盯用户目标不放

自产品上市那天起，企业管理者周围的一切都改变了。业绩增长的压力很大，你可能忘了当初用户为什么要用你的产品。即使是卓越的公司也可能偏离用户想要完成的任务，转而专注在自己的任务上。根据我们的研究与经验，这种情况之所以会发生，是因为公司对于产品的数据产生了三种误解：主动数据与被动数据之比谬误、表面增长谬误、数据确认谬误。

人们想要的不是 1/4 英寸的钻头，而是 1/4 英寸的洞。

这个相当深刻的观点是哈佛的营销教授泰德 · 莱维特数十年前首度提出的名言。[1] 用户想要的不是产品，而是解决问题的方案。彼得 · 德鲁克也曾经提出过警告：用户花钱买下的东西，通常不是公司自以为卖出的东西。诚如这两位智者所言，公司和用户的想法往往南辕北辙，严重脱节。这是 20 世纪的两大营销观点，在我认识的营销人士中，很少有人对此提出过异议。

但营销人士所展现的行动，却又是另一回事。

我们认为，最成功的公司正是以这个观点为基础创立的，而且，它们确实找到了用户想要完成的任务。但在市场获得成功以后，这些公司似乎就逐渐忘记了莱维特和德鲁克的智慧。[2] 情况开始改变，即使在最卓越的公司里，当初在市场上一战成名的用户目标，也可能因为众人忙于业务运营及追求增长而变得无人问津。这些公司开始以产品来定义自己，而不是用户目标，这会产生很大的影响。

北美与西欧的多数消费者都听过“V8”这个品牌——它的产品是由8种蔬果制成的蔬果汁，所以取名为“V8”。1933年V8首度上市，1948年金宝汤公司收购了V8，现在它依然在金宝汤公司的旗下。

在超市摆放果汁饮料的通道上，V8就摆在其劲敌番茄汁旁边。同一条通道上还有其他的对手，例如葡萄汁、橙汁、柚子汁、胡萝卜汁、石榴汁。约一半的货架上摆着来自异域的瓶装水，例如来自缅因州的Poland Spring、来自冰岛的冰川水、斐济的泉水、麻省艾耶尔镇的自来水。百事旗下的“佳得乐”运动饮料也摆在那里，跟可口可乐旗下的“动乐”一较高下。另一条通道上则是各种含糖饮料，包括可口可乐、百事可乐、红牛等。如果你觉得这些品种还不够多，那么你可以去星巴克买一杯拿铁、卡布奇诺、星冰乐或焦糖玛奇朵。

各位，果汁和饮料市场的竞争相当激烈，要做到产品差异化更为困难。根据定义，饮料市场的增长不能比人口增长的速度还快，这表示一个品牌要想成长，只能去抢夺其他对手的客户。

为了在这个拥挤的类别中做到差异化，多年前，V8的产品经理想出了“早知道就喝V8！”的广告语，暗指比起超市的其他饮料V8是令人耳目一新的好选项。有时我在这句广告语的激励下，会一时兴起买一罐V8换换口味，它的蔬果汁混合了番茄、甜菜、胡萝卜、芹菜、莴苣、生菜、香芹和菠菜汁，喝起来确实与众不同，而且这句广告语也不错。毕竟，V8 已经 83 岁“高龄”了，但它依然老当益壮。

大约 10 年前，有个人突然来找我，说他来自金宝汤公司，是 V8 品牌的四人管理团队之一。他说，他们读到一篇我们早期发表的文章，这篇文章是谈用户目标达成理论的。他解释，他们确实认为他们的任务是产品差异化，让产品显得与众不同。但用户目标达成理论的概念也激励他们提出这个问题：在用户的生活中，是否偶尔会出现V8 可以达到的用户目标。他们后来通过用户的观点，找到了一个用户目标。这个用户目标大致如下：

> 我长大后便搬出去住了。我答应妈妈一定会坚持吃蔬菜，但是我很忙，每次削着讨厌的胡萝卜，煮着烂乎乎的菠菜，我总是纳闷大力水手为何那么爱吃菠菜。现在我很后悔答应母亲要吃蔬菜，光是烹煮这些难吃的东西，就要花好多时间。
>
> 后来我想到，如果我天天喝V8，我就可以一边开车，一边喝着蔬果汁，一边打电话给我妈，告诉她我在乖乖吃蔬菜了。

通过用户目标的视角，V8 不必再跟健怡可乐和卡布奇诺一争高下，它只要跟蔬菜竞争就好了。就像开车上班族觉得奶昔比香蕉和贝果面包圈更适合在上班途中享用一样，喝V8 也比削胡萝卜皮、煮菠菜，或是用牙线清除牙缝里的菜渣方便多了。

于是，V8 的管理团队迅速改变广告，将V8 与上班族烹煮蔬菜的麻烦做对比。他们后来告诉我，不到一年内，V8 的销售量翻了

4 倍！ V8 和芹菜竞争时，简直易如反掌，V8 因此成了完美的目标品牌。

但后来怎样了？ V8 后来的发展令人遗憾。我不太了解金宝汤公司内部的运作，但据我所知，这个管理团队后来的重心转移了。我猜，他们一忙起来，就忘了用户目标的概念。总之，V8 后来的状况明显改变了。

如今，你走在超市的果汁饮料通道上，如果这家超市有进V8的商品，你会看到有V8 果蔬汁、V8 呛辣汁、V8 柠檬汁、V8 香辣汁、V8 烤鸡汁、V8 低盐汁、V8 有机汁、V8 Splash!（由蔬果和高果糖玉米糖浆制成）、V8 茶饮料（V-Fusion + Tea）等产品。这家公司几乎在一夜之间重新规划了产品线，用五花八门的果蔬汁和其他品牌的果汁和饮料竞争，这让消费者更加眼花缭乱，而不是更加明确自己想要什么。目标品牌不再明确以后，消费者不得不自问："V8 的用户目标是什么？"[3]

如果尤吉 · 贝拉还在世，当他看到莱维特那句名言，再回顾V8这段历史，他可能会说："怎么感觉似曾相识？历史重演了。"

为什么会这样呢？

创新数据的三大谬误

即使是卓越的公司，也可能会偏离用户想要的产品用户目标，变成专注在自己的任务上。根据我们的研究与经验，这种情况之所以会发生，是因为这些公司会产生三大谬误：

- *主动数据与被动数据之比谬误*（the fallacy of active versus passive

data）

- 表面增长谬误（the fallacy of surface growth）
- 数据确认谬误（the fallacy of conforming data）

接下来我会详细说明。

1. 主动数据与被动数据之比谬误

公司或产品刚上市时，通常是沉浸在公司发掘的用户目标中。由于以前没有好用的方案，这时公司通常没有竞争对手，其创业精力、焦点和资源都可以用来了解用户想要的产品用户目标，以便帮助用户完成任务。但公司或产品上市之后，其精力、焦点和资源通常都会转移到其他地方。

以批发零售业为例，这个行业不是以用户目标为核心，而是以产品和价格为基础的。所以过去 20 年间，这个行业非常拥挤，我们看到沃尔玛、塔吉特百货、凯马特、安和希望（Ann & Hope）、好市多、马歇尔（Marshall's）、伍尔沃斯（Woolworth）、扎耶尔（Zayre）、布莱利（Bradlees）、卡尔多（Caldor）等商家为了称霸业界拼得你死我活。这些零售商不可能全部存活在市场上，因此，这是一场优胜劣汰的淘汰赛——谁卖得多，谁就撑得久。

一开始，谁也无法预测最后是哪家公司胜出。20 年前，我在写《创新者的窘境》时，凯马特还是相当强劲的商场巨头，现在它已经没落了。沃尔玛、好市多、塔吉特百货成了胜出的巨擘。不过，即使这三大商家艰难胜出了，这世上也没有一个顾客把"我今天真的需要去超市逛 2 小时"视为非办不可的任务。所以，长期来说，以实体店面为核心的公司不可能蓬勃发展。这些公司会越来越清楚地地意识到自己正在忙着打防御战，而不是增加收益。

相反，我们可以看一下网上订餐平台OpenTable、客户关系管理软件服务提供商Salesforce.com、爱彼迎这几个新近成功的案例，或是Craigslist、宜家这几个持久成功的案例。这些公司的组成都是以明确的用户目标为核心的，它们长期蓬勃发展，而且竞争对手很少，它们面临的是全然不同的局势。

这种现象并不新奇。数十年前，莱维特在《哈佛商业评论》中曾撰文指出，铁路行业的衰退并不是因为客运和货运的需求下滑了，事实上，客运和货运的需求都增加了，只是汽车、卡车、飞机和电话把乘客想要完成的任务处理得更好了。1960年，莱维特写道，铁路公司陷入困境是因为“它们认为自己属于铁路业，而不是运输业”。[4] 换句话说，铁路公司让产品来定义它们所在的市场，而不是以乘客想要完成的任务来定义自己。它们组织、监测、评测自己的方式，仿佛是在卖钻头，而不是帮助用户钻孔。

相反，许多成功的新创企业一开始就是以帮助用户钻孔为宗旨的。网飞和许多新创企业的原始愿景就是如此：一个创业者发现自己面临的问题没有明确的解决方案，他因此宣布：“我要解决这个问题！”就某种意义上来说，他一开始既是首席执行官，也是目标用户，也就是说，创新者和用户想完成的任务紧密关联。

为了解决问题，企业决策所需的大多数信息都可以在困境中找到，我们称之为“被动数据”，因为它没有意见或清楚的结构，也没有倡议或动机。被动数据本身并没有告诉我们现况，因为用户目标自古以来改变有限。被动数据只是没有过滤的情境，它一直存在，只是不够鲜明。

当管理者试图寻找没有完成或被敷衍的用户目标时，他们通常会看到很多用户选择不消费，或勉强拼凑解决方案。这时，管理者沉浸在被动数据中，而熟悉的市场标志（例如产品销售、质量标准、竞争标准）全都没有出现，触目所及都是创新的机会，这通常以用户的不满、勉强接受的取舍和体验等形式呈现出来。管理者从这些混杂的现实体验中撷取意义时，不能只是把数据做成表格分析，而是要把这些体验拼凑成故事，从故事中发掘用户目标。

创新者必须沉浸在混乱的现实情境中，思考新产品如何帮助用户解决问题。在初期，管理者是解谜者，而不是数字分析师。被动数据不会大肆地自我宣传，创新者必须去寻找，去拼凑线索，不断地追问为什么。这一点非常重要，因为这是寻找创新机会的途径。

问题是，管理者有种天性，他们看到信息就会产生反应，尤其看到负面信息时，反应更是迅速。

公司一旦把“用户目标”商品化之后，用户目标观点就会逐渐退场，经营的“主动数据”便开始取代创新的“被动数据”。产品上市以后，就好像打开了水龙头，开始制造出许多数据，这些数据在销售产品及用户出现以前并不存在。管理者把注意力从模糊的故事转移到明确的电子表格时，会感到比较放心踏实。这种转变是自然而然发生的，并没有什么明显的征兆：

（1）产品销售会形成产品的相关数据：销售额多少、获利多少、销售什么产品等。

（2）用户消费会产生用户的相关数据：企业或个人、大客户或小客户、财力雄厚或预算有限、直接或通过销售渠道购买、是本地用户或外地用户等。

（3）投资人力、设施和技术会形成与生产力、报酬和价值相关的数据。

（4）竞争对手出现，会促使投资者和管理者创造出可以当作比较标准的数据。

这些数据都非常鲜明，它们争着获得你的青睐，希望你把它们视为首要之务，并加以改善。这些数据很容易被监测和评测，我们通常把这些数据视为管理者绩效好坏的代表。这种观点的转变很不明显，但影响很大，焦点从混乱的被动数据转移到具体的主动数据时，让人感觉比较踏实。

但是，若是管理者误以为主动数据提供的模型就是现实状况，那么这样的转变看上去是一种进步，实际上它是有害的。[5] 数据永远都是现实的抽象概念，它根据基本假设来归纳现实世界中非结构化的现象。管理者明明知道“数据是人工制造出来的”，却为了方便起见视而不见。

当运营数据大张旗鼓，抢着获得管理者的关注时，管理者很容易去管理数字，从而忽略了用户目标，尤其是当组织层级越来越多的时候。[6] 美国公立学校的教学方式就是一个很好的例子：它们把教学重点放在让学生通过必要的测试上，因为美国政府要求学校必须达到某些评测标准。医疗界也有类似的现象，医生通常只治疗症状，而不是找出病因。例如，高血压是许多疾病的病征，但高血压患者所服用的药物大多是用来降血压，而不是治疗病因的。

很多公司也常有这种治标不治本的现象。它们管理数字，思考每股盈余和公司股价之间的关联。这些公司在市场上买回自家股票时，可以提升每股盈余，股价通常也会因此上扬。但是，这样做对公司的创新或效益毫无帮助，只是数字的改变而已。

2. 表面增长谬误

企业为了培养用户关系而投入很多资金时，它们自然会想办法推销更多的产品给现有的用户。向现有的用户推销更多产品的边际成本很小，其盈利相当诱人，我们称之为“表面增长”。企业看到周边其他企业所销售的产品时，就会模仿或收购这些产品。但这样做往往导致企业为很多类型的用户创造出很多种产品，反而忽视了当初让企业成功的用户目标。[7] 更糟糕的是，为很多类型的用户提供很多种用户目标，可能导致用户混淆而用错产品，让他们心生不满，愤而淘汰产品。这时，专注于单一用户目标的从业者可能会趁机而起，抢占市场。

同样的道理也适用于生产能力、知识产权和人才方面的投资。企业一旦投入这些成本，“物尽其用”的压力就会一直存在，尤其是那些目光短浅又逐利的股东会不断地施加压力。

《纽约时报》就是一个很好的例子。对《纽约时报》来说，有两类用户很重要：读者和广告商。读者想要的用户目标很多，《纽约时报》努力为这群用户提供越来越多的用户目标，例如：帮助读者在忙碌的一天之后放松下来，为读者提供最新资讯，帮助读者增广见闻，帮助读者有效地利用碎片时间。

但是，针对以上的每一个用户目标，《纽约时报》都必须面对专注于单一用户目标且做得很好的竞争对手。例如,《经济学人》是增广每周见闻的好方法，读者只看每周摘要就不需要天天花时间追要闻了。晚上要放松的话，没有什么比打开电视更简单，而且节目的选择也更多。地铁站里免费供应的《都市报》也可以帮助读者有效地利用通勤时间。所以，除了其他的主流媒体以外,《纽约时报》突然间又多了很多竞争对手，它们在达成用户想要完成的任务方面都做得比《纽约时报》更好。这也难怪，近几年来许多报纸越来越难以生存，因为它们不是以单一用户目标为核心的。相反，下一章提到的德瑟雷特新闻出版公司则是以独特的用户目标为核心，重新定位自己旗下的传统报社，从而成功地扭转了运营状况。

3. 数据确认谬误

数据确认谬误是导致公司不再专注于用户想要完成的任务的第三种谬误。数据有一个讨厌的特质，它会帮助我们自圆其说，支持我们想要相信的观点。事实上，知名的统计学家及《纽约时报》政论博客“538”（2013 年被娱乐与体育节目电视网收购）的版主纳特 · 西尔弗指出:“最惨烈的失败预测通常有很多的共同点。我们关注的信号是告诉我们想听的故事，而不是实际状况。”[8] 所谓当局者迷，我们通常不会发现这一点，也不会故意这样做，这是人类大脑的先天缺陷。

心理学家解释，大脑存在矛盾的概念或想法时，这种“认知失调”会使我们产生压力，感到焦虑，我们会想办法去减轻及避免这些压力。真相本来就令人不安，当数据涌进来时，我们并不会因此失去客观性，其实我们从一开始就已经不客观了。

我忍不住想起我和妻子一起去参加孩子的家长会的经验。每当我们离开会场时，对于刚刚听到的信息我和妻子都有截然不同的解读。我听到的信息大多证实了我的预期，我妻子听到的信息可能比较接近老师实际传达的信息。总之，我们习惯运用数据和信息来佐证自己想要相信的论点。

竞争对手的创新发明往往出其不意，令人措手不及，或是让你觉得自己错失了良机，心想:“为什么我没有料到？”问题在于你根本没有机会预见，因为你并没有主动去寻找机会。套用福尔摩斯的名言:“没有什么比显而易见的事实更容易欺骗人心了。”

这是不是听起来很熟悉？例如，相关销售、营销、研发团队的人员都在同一个房间里，他们和公司业务部门的负责人开会讨论创新资源应该放在哪个领域。业务团队深信自己知道用户想要什么，因为他们经常和用户讨论他们最迫切的需求。营销团队对于如何善用既有的品牌有许多点子，例如公司可以提供新版本、新口味、新颜色或特殊优惠等。研发团队对于他们运用酷炫新科技开发出来的产品新功能和新优势非常兴奋。业务部门的负责人则把焦点放在赶快推出上市产品，以便在年底前提高收益上。

当然，每个团队都有自己小心建构的数据，通过其功能职责、绩效指标、财务动机的视角，提出一套现实的模型。而且，每个团队都有某种“确认偏见”，他们只看到佐证自己观点的信息。这些观点都没有错，但问题是这些观点都不客观。更重要的是，每个团队提出来的模型都没有反映用户想要完成的任务是什么。

我们精挑细选那些便于自圆其说的数据，正如哈佛商学院的神经营销专家杰拉德·萨尔特曼所言:“决策不是做出来的，而是看出来的。”多年来，萨尔特曼致力于研究管理者是如何陈述想法，并且应用这些想法和知识的。那么，在他看来，管理者最常犯的错误是什么？“他们容易把事实当成观点，看到数据就直接采取行动。”萨尔特曼最近在《广告研究杂志》中写道：“研究常被用来佐证论点，而不是促进富有想象力的观点。”

萨尔特曼指出，我们经常自欺欺人，让自己相信我们的决策有多么客观。“表面上看来，领导者似乎通过拿A和B做比较才做出决策。但实际上，在所有通往A决策的过程中，数据愈来愈偏向A。领导者可能觉得他是根据明确的数据基础做出决定的，但实际上，他的内心早有所属。”创新因此偏向高管层，而过程只是确认“用户真的想购买的产品，就是高管层想卖给用户的产品”。

数据的制造问题

关于数据还有一个更根本的问题：许多人都认为量化数据比定性数据更值得信赖，但“客观”数据是哪里来的？许多研究所用的资料都来自公司的财务报表，这样做客观吗？托马斯·约翰逊和罗伯特·卡普兰用令人信服的方式证明，财务报表上的收入、成本、利润数字是在配置管理费用时，估计、协商、讨论及争议后得出的结果，它们可能是以相当不精确的数字反映了真实的成本和利润。[9]

最健康的创新心态就是，几乎所有的数据都是建构在人类的偏见和判断之上的，无论是大量的量化资料还是有关行为的文字描述。数字和语言数据都是现实状况的抽象概要，研究人员只是从复杂的现实状况中，抽取最显著的变量或模式来审视。根据实地研究的行为数据，我们可以明显看出其主观性非常强。数字数据表面上看似精确，实际上仍潜藏着主观偏见。

汤姆·莫纳汉结合实践方面的建议把技术公司Corporate Executive Board打造成一家市值数十亿美元的上市公司，他开玩笑说，他想用公司的利润来实现一个梦想：成立“精准假象博物馆”，用以陈列丰富的馆藏。

数据不是现象，数据的主要功能是代表现象去模仿现实状况。但是，许多企业管理者对数据都有一种普遍的误解，他们认为只有量化资料是客观的。他们普遍认为，从某套理想的数据中可以得到与用户有关的完美结论，他们只需找出这套正确的数据。也就是说，他们认为，只要是以量化的形式，也就是可输入电子表格或做出回归分析（例如多少？什么？哪里？谁？何时？），搜集到正确的资料，他们就能知道“真相”。相反，定性数据（也就是无法整齐地输入电子表格的观察和意见）并不像量化数据那么可靠，因为它缺乏单一的“真相”。总之，企业管理者大都认为量化数据更好。

但这是个错误的想法。神不会创造数据，然后再把数据赐给人类，所有的数据都是人类自己创造出来的。某人在某个时点决定要搜集什么数据，怎样组织数据，如何陈述数据，以及如何从数据中推断意义，这个过程中都嵌入了各种虚假的严谨性。数据都有议题设定，这个议题是由某个人设定的，不论设定得聪明与否。高管们都会投入时间分析数据，他们也应该投入同样的时间决定首先应该搜集什么资料，以及应该搜集哪些方面的数据，而哪些方面的数据可以忽略。[10]

2014年春季的《科学》杂志上，有一篇关于谷歌流感趋势预测的学术研究结果。[11]谷歌流感趋势预测是一种流感监测服务，其目的是为了比传统的疾病控制与预防中心更早预测到流感趋势。谷歌流感趋势预测是以算法配对 5 000 万个搜索词和 1 152 个数据点。从总体上看，谷歌希望借由交叉比对搜索词（症状、医疗机构、疗法）和相关的客观资料来预测流感的爆发。《科学》杂志的论文是由东北大学、哈佛大学和休斯敦大学的学者联合发表的，他们的研究推断，两年多来，谷歌流感趋势预测严重高估了美国流感病例的数量。这篇论文《谷歌流感之启示：大数据分析陷阱》最后推断：这些错误部分应归因于谷歌工程师的决策，他们必须决定在模型中纳入哪些数据——学术上称之为“算法动态”和“大数据傲慢”。

谷歌有着崇高的目标：提早预警流感趋势也许可以避免疾病传播，能够比传统方法早一步拯救生命。但谷歌工程师发现，你必须先选择要分析哪些数据。不幸的是，特定的搜索词和谷歌算法之间的对应性关联实在太复杂了，而且会受到一系列人为动态因素的影响（也许某个有疑似病症的人每个月都在搜寻同样的词语，或者谷歌工程师可能改变了数据搜集的方式），因此它无法成为可靠的预测工具。

由于谷歌上的搜索词是在计算机上产生的，而且可以用许多新方法储存和分析，所以从表面上看来，这是有效的数据集，但实际上并非如此。现象（在这个例子中指“搜索”这件事）可以拿来计算和分析，但这并不表示它就是“数据”。那么，现象有助于指引方向吗？有。但现象是客观现实吗？并不是。

在企业的运营进入正轨以后，它注定会偏离用户目标。难道我们只能坐视辛苦取得的竞争优势流失掉吗？只要资深的企业领导者避免让自己和企业犯下创新数据的三大谬误，这样的情况就不一定会发生。但是，如果你不让用户说出自己想要完成的任务，并指派专人捍卫这个用户目标，那么你的企业一定会逐渐偏离用户目标。被动数据需要积极的管理，我们将在下一章探索这个挑战。

【重点摘要】

- 大多数企业的创立，通常是源于创始人发现某个重要的用户目标还没有令人满意的解决方案，于是亲自开发了一种有创意的解决方法。
- 然而，随着企业的成长，管理者很容易就忽略了当初激发企业创立的用户目标。尽管企业的立意很好，又有上百年的营销经验可供参考，但企业之后的运营方式会逐渐变成由企业的产品和服务来定义（“1/4 英寸的钻头”），而不再以用户目标（“1/4 英寸的洞”）为核心。
- 很多因素都会导致企业偏离用户想要完成的任务，不过最重要的因素，就是管理者容易受创新数据的三大谬误的影响：
    - ★ 主动数据与被动数据之比谬误：企业不再关注与用户目标复杂性相关的数据（被动数据），而是开始制造出与运营相关的数据（主动数据）。主动数据表面上看客观且严谨，但它通常以产品和用户特色为核心，而不是以用户目标为核心。
    - ★ 表面增长谬误：企业为了培养用户关系而投入大量的资金后，便开始把焦点放在销售更多的产品给既有的用户上，或是为用户提供多元化的用户目标以追求增长，我们称之为追求“表面增长”，企业并没有专心地把核心用户目标做得更好。

- ★ 数据确认谬误：管理者努力制造出呼应既有商业模式的数据。

- 了解这些谬误是预防创新陷入谬误的第一步，但企业需要随时提高警觉及介入干预，才能避免陷入谬误。

【领导者的思考题】

- 企业目前的创新方向和企业创立时解决的核心用户目标有多大的关联？
- 团队成员如何描述企业从事的基本业务？他们是描述企业为用户达成的重要任务，还是描述企业提供的产品和服务？
- 哪些数据会影响创新和投资决策？这些数据和用户想要完成的任务有多大的关联？
- 你是否犯了表面增长谬误，也就是说，你是否过于重视业绩成长，花费很多的心思去销售新产品给既有用户，却没有去了解用户想在生活中获得哪些进步？
- 为了做出重要的创新及投资决策，你搜集了哪些数据？有什么机制可以确保这些数据显示出你需要了解的信息，而不是你想要相信的信息？
- 如何确保用户想要完成的任务影响到了你的决策及资源分配活动？

注释

1. 通常，人们普遍认为这是莱维特提出的观点，但是他在其著作《营销想象力》中指出，这是李奥·麦吉尼瓦率先提出的。不过，莱维特确实让这句话变成了名言，参见Levitt, Theodore. *The Marketing Imagination*. New York: Free Press, 1986.

2. 我在哈佛商学院攻读工商管理硕士学位时，从来没听过“1/4英寸的洞”或“卖给顾客错误的东西”等说法。我在学生时代，后来到波士顿咨询公司工作，或是攻读博士学位时，都没听说过这些观点。我进了职场很长一段时间以后，才无意间听到有人提出这个比喻，当时就觉得相见恨晚。为什么如此深刻的洞见竟然没有广为流传呢？

3. 我和这个人相谈甚欢，他很乐于和我分享这个故事，但是基于隐私，这里我不便透露他的身份，V8公开取得的信息就可以说明整个故事的始末。

4. 莱维特,《营销近视症》(Marketing Myopia),《哈佛商业评论》, 1960年7/8月号（中文版2009年6月号）。

5. 依此类推，让我们来看医疗保健系统。心脏科医生从来不会主动找我，因为我的心脏数据正常，我很高兴我的心脏是健康的，没有需要处理的主动数据。但这也显示出我们的医疗体系只处理疾病，这不是“健康”护理系统，而是“疾病”护理系统，这两者是不同的。当我们生病时，医生突然开始关注我们的相关生理数据，整个系统开始启动，其目的是要让这些数据开始好转，但是这和一开始就让我们保持健康是两回事。管理者也是如此，他们积极应对数据的改变，却不关注被动数据。被动数据沉浸在管理者应该关注的重要情境中，也就是用户想要完成的任务。

6. 许多经济学家假设在他们的模型中都是理性人，因为人可以取得需要的一切信息，所以其行为也是理性的。但在现实中，我们依赖的信息是根据所处的情境产生的。诺贝尔奖得主司马贺和詹姆斯·马奇在解释“有限理性”的概念时探讨过这个问题。有限理性是指，一个人做决策时，他的理性受到所拥有的信息、智力认知的局限，还受到决策时间有限的限制。

7. 电动工具品牌“得伟”（DeWalt）就是很好的例子。它以旋臂锯机打响其品牌，其旋臂锯机是业界性能最优异的机种，将得伟打造成了值得消费者信赖的品牌。但自 20 世纪 60 年代百得（Black & Decker）收购得伟以后，得伟开始向其他领域发展。在我看来，百得好像一直在五金行业游走，看看其他厂商都生产什么（钻孔机、钳子等），然后心想：“我们也可以制作这种产品，创造新的收益。”于是，得伟想办法把这些新产品的制造外包出去，以便降低生产成本。但是，用质量较差的模仿品和竞争对手抢生意并不是可靠的企业增长计划，所以我们称之为“表面增长”。你可以模仿货架上的点子，但这样做不是因为你清楚地了解了用户目标，所以你不太可能成功。

8. 纳特·西尔弗，《信号与噪声》（*The Signal and the Noise: Why So Many Predictions Fail*），New York: Penguin Press, 2012.

9. 托马斯·约翰逊和罗伯特·卡普兰,《转折点上的成本管理》(*Relevance Lost: The Rise and Fall of Management Accounting*), Boston: Harvard Business School Press, 1987.

10. 数据能告诉我们的信息很有限，这一点我亲身体验过。我儿子迈克尔以贝克学者的身份从哈佛商学院毕业（贝克学者是哈佛商学院颁给工商管理硕士的最高学术荣誉）。如果你看到他在哈佛商学院就读时的相关资料，你会看到他选修的课程、他的成绩、考勤记录，但不会看到他是哪一班哪一组的“课代表”，也看不到他负责的培训内容及相关文化。迈克尔以领导者的角色所做的这些事情，我觉得是他在哈佛商学院学到的最宝贵的知识，他学到了如何营造合适的文化以激励他人。但是，没有相关数据反映这件事，这些资料都内嵌在情境中。

这让我想起罗伯特·肯尼迪当年令人动容的演讲:“我们的国民生产总值（GNP）如今已超过 8 000 亿美元……但国民生产总值并没有计入孩子的健康、教育质量或孩子游戏时的欢乐，也没有计入诗词之美、婚姻的力量、公共论辩的智慧或政府官员的诚信。它也没有衡量我们的机智和勇气、智慧和学习、同情心与爱国心。总之，除了那些让生活更有意义的东西之外，它衡量了一切。它可以告诉我们关于美国的一切，除了那些让我们作为美国人引以为傲的原因之外。”

11. Lazer, David, Ryan Kennedy, Gary King, and Alessandro Vespignani “The Parable of Google Flu: Traps in Big Data Analysis” . *Science*, March 14, 2014.

第9章

打造以用户目标为导向的企业文化

许多公司都有其崇高的使命宣言，它包含了不同的意图，包括激励员工、宣布公司战略、吸引投资者等。但是，难以落实其使命宣言的公司也一样多。当“用户目标”在组织里得以发声，能够影响决策时，个人的工作流程就有了意义，员工也会了解为什么他们的工作很重要。被明确表达的用户目标就像某种“指挥官意图”，不再需要事必躬亲，因为各阶层的员工都很有动力，都了解如何将他们的工作融入更大的流程中，以帮助用户完成任务。

不久前，财捷公司的创始人库克领导公司成员进行了一次头脑风暴会议，他们想改进财捷的旗舰商品TurboTax。多年来，他们都把焦点放在如何改进TurboTax内建的“问答”功能上。TurboTax是以提问的方式，让用户回答问题，填入数据，从而完成精确的报税表格。每年，财捷团队都会讨论如何改进这个问答工具，以及增添特殊的功能，以便得出最精确的结果。

库克回忆道，当初为了满足用户需求，研发团队广泛地采访用户，询问他们想在财捷的产品中看到哪些新功能。用户确实提出了很多意见，他们一下子就列出许多自己想要的功能。库克说："他们要求的功能多达 150 种。"研发团队得知用户的意见以后，先花了几周的时间，讨论哪些潜在的新功能最重要。库克说，每个人都认为自己的想法对用户有利，但实际上这些想法无法起到任何指导作用。库克说："我们一味地追求功能，经常询问用户想要什么，然后就去开发。"但是，如果不了解用户为什么雇用产品，"我们就无法分辨哪些功能对用户有利，这种感觉就像没有罗盘就在大海中航行一样"。

后来，财捷提拔萨桑·古达尔兹担任TurboTax事业部的总经理。他发现，TurboTax可能搞错了重点——用户雇用TurboTax并不是为了获得更好的报税问答工具。库克说："古达尔兹领导公司更深入地了解'用户究竟想要解决什么问题'。"多年来，财捷把精力都投注在一个美好的目标上，但它并不是用户最想要的目标。用户根本不想进行那些税务问答，也不想输入数据，他们使用TurboTax只是想完成报税这个任务而已。

这番认知促成了截然不同的改变——财捷从改进问答工具变为完全删除问答。库克说，这番认知马上激发了财捷内部的创意大爆发。研发团队把焦点放在用户目标上以后，他们清楚地看到TurboTax应该努力解决的问题：让用户不必回答问题或输入数据就能完成报税表格。

这怎么可能呢？古达尔兹和他的团队正在努力克服这项挑战，目前已经有了一些进步。例如，如果用户允许TurboTax向给自己发薪水的公司取得报税的扣缴凭单（W-2），那么许多基本信息都可以马上下载到用户的报税表格中。库克指出，TurboTax要达到"毫无问答"的境界可能需要 10 年的时间，但即使现在只有一点点成果，也已经大幅改善了用户体验。2015 年，财捷在 TurboTax 问卷的“一章”中（每个人需要填写的章数从 4 章到 40 章不等，视纳税人的情况而定），实验预先加载数据，例如薪资信息。财捷发现，预先填好一章的数据后，即使用户需要手动更改一些自动填入的数据，完成 TurboTax 问答的用户人数也有显著的增长。

在 TurboTax 的例子中，财捷一开始采取的分析方式就有问题——它把焦点放在了不断改进问答功能上。然而，很多公司都在依循错误的创新指南，犯下了同样的错误。

那么，领导者如何持续号召团队锁定正确的目标呢？库克说：“这个问题很重要，但很难回答。”持续专注在用户目标上，可以让员工想出更好的解决方案。深入了解用户想要完成的任务，可以引发许多问题，包括公司如何构建组织、如何衡量业绩及如何制定奖励标准、公司的首要任务是什么、大家如何合作解决问题等。库克表示，他们尚未找到所有问题的答案。不过，几位受访的领导者告诉我们，用户目标达成理论是帮助他们锁定焦点及领导整个组织的强大工具。

库克指出，财捷现在非常重视用户想要完成的任务，所以现在公司的运营很像新创企业，公司内部的小团队不需要获得高管层的核准就可以推出试验性的新产品，因为这些新产品显然与用户想要完成的任务相匹配。当团队里的成员都了解目标是“完成报税”时，大家便会朝着同一个方向努力。

为了这本书，我们采访了首席执行官，他告诉我们，用户目标导向的组织可以获得 4 种明确的益处：

- **企业可采用分布式决策，而且目标明确。企业的全体员工都可以**

做用户目标导向的决策，自主创新。

- 企业可以把资源用在最重要的事情上，并且将资源从不重要的事情中释放出来。
- 激励员工，统一企业文化，以员工最在乎的事为出发点。
- 可以衡量最重要的因素，也就是用户进步、员工所做的贡献以及动机。

专注于用户想要完成的任务，而非只提供一次性的改善点子，这是持续创新的指南。这样做可以缩小高管层和普通员工之间的认知差距，还能鼓舞人心，让员工有机会充分发挥自己的才能，贡献一己之长。

大多数公司都有其使命宣言，有些员工甚至会把使命宣言倒背如流。不过，这些使命宣言往往显得很崇高、很笼统，员工很难把它当作行动、决策和创新的指南。例如，以下是一些世界500强企业的使命宣言。

- 碧迪医疗：帮助每个人过上健康的生活。
- 百时美施贵宝：研发与提供创新药物，帮助患者攻克严重疾病。
- 柏灵顿北方圣太菲铁路公司：我们的愿景是持续提供符合用户预期的运输服务，以发挥柏灵顿北方圣太菲铁路公司的非凡潜力。
- 雪佛龙：雪佛龙的核心愿景是以人才、合伙关系和绩效，成为备受推崇的全球能源公司。
- 摩根大通：我们的目标是成为全球最受推崇的金融服务公司，为超过100个国家的企业和个人服务。

以上只是随机举例，但它们都可以代表典型的企业使命宣言。企业有使命宣言并没有错，这就像我前面提过的人生主题一样（例如我想当个好父亲、好丈夫，对社区有所贡献），但使命宣言本身无法为日常决策提供指南。

明确的“用户目标规范”却可以做到。例如，联合利华虽然在人造奶油方面做得不好，但它在过去几年内，把全球最古老的香皂品牌“卫保”（Lifebuoy）转变为公司成长最快的品牌之一，其关键在于它为“帮助新兴市场的孩子活到 5 岁以上”这个使命找到了方法。

你也许无法为“延长孩子的生命”这么宽泛的目标进行创新，但你可以围绕这个困境进行创新。专家指出，用肥皂和热水认真洗手 30 秒也可以消除病菌，但联合利华面对的创新环境则不可能做到这一点——大多数人洗手只花 7 秒钟的时间，而且很少有人洗手超过 15 秒，小孩子通常洗得更快。新兴市场的情况就更糟了。例如，在印度，每年有近 45 万名 5 岁以下的孩童死于腹泻，平均每天有上千个死亡案例。即便如此，印度的部分地区与其他新兴市场的母亲和儿童仍没有经常洗手的习惯。

所以，联合利华开发了一系列的产品，帮助消费者在面临这样特殊的情境下达到难以实现的进步。联合利华开发出一种变色肥皂，确保孩童搓洗肥皂的时间足够久，从而达到杀菌的效果。当这种肥皂的使用时间超过 10 秒时，它就会变色，这能让孩子们觉得很有趣，他们会洗得更久一些，这就是联合利华的独家配方，只要搓洗肥皂 10 秒即可杀菌。“拯救孩子性命”的使命很远大，但唯有通过明确的用户目标，联合利华才能让这个古老的肥皂品牌再现风华。

由此可见，你越了解用户目标，就越能找到共鸣。

指挥官意图

领导者必须依赖各层员工在日常决策中做出正确的选择，这些选择决定了公司的实际策略。前面提过，全体员工一起朝着共同目标迈进，这就是企业文化的基础。如果他们都把焦点放在用户目标上，企业文化就会强化这个用户目标，从而使产品和用户目标紧密相连。如果企业文化是以用户目标为核心的，其员工自然会去做自己该做的事。

但这种直觉反应不是一朝一夕形成的，而是大家共同学习的结果。也就是说，员工能够合作解决问题，思考该怎样做才可行。只要他们选择的方法能够持续解决问题，这样就会凝聚出一种企业文化，成为员工决策时遵循的规范和准则。这样做的好处是，组织可以进行自我管理，管理者不需要强制执行规范，员工都明白“指挥官意图”——这是军事术语，意指各层级的士兵在没有具体指令的情况下，也知道如何做出正确的选择，因为他们都知道指挥官的目标和优先要务。

企业的领导者需要确保全体员工不需要每天持续的督导，也能做出正确的选择。这不是什么新鲜事，早在古罗马时期，皇帝就会指派副手去掌管千里以外刚被征服的疆土。皇帝看到副手驾着战车远去时，他很清楚自己未来几年都看不到这位副手，但他知道副手的优先要务和自己一致，这位副手也会以经过验证的可行方法去解决问题。

定义清楚、人人都懂的“用户目标规范”也具有同样的目的，它是让每个员工都做出正确决定的焦点，而且不需要每次都讲得清清楚楚。即使没有明确的指令，员工也知道如何为新的计划权衡取舍——什么最重要？在什么情况下不能妥协？什么是终极目标？我在达成终极目标上扮演了什么角色？用户目标达成理论提供了正确的视角，帮助你做出符合用户想要完成的任务的日常选择。用户目标达成理论提供了一种整合的语言，让营销人员、工程师、业务人员、客服人员都能彼此交流，而不是自说自话。

正如美世咨询公司的古利特所言，用户目标达成理论完全适合这个目的，“因为它很简单，仅以‘用户目标’两字就道尽了一切。它不会过度设计，也不会过于复杂，但它非常强大、简单，令人专注”。

要抓对用户目标导向的目标并不容易。前面提过，用户目标多元、复杂，而且细腻，企业需要深入了解用户想要获得的进步。但是，只要掌握了正确的用户目标，组织的生产力就会产生极大的影响，因为明确了目标，会让更多人自发地配合用户目标运作。我们知道，员工针对资源、流程和优先要务所做的日常选择，组合起来就是策略。明确地了解用户想要完成的任务，就相当于为企业提供了一套直观运作的脚本。

双面罗盘

通用汽车的安吉星团队发现，用户使用安吉星是为了心安以后，他们马上把焦点从产品的酷炫功能转移到真正对目标用户有益的用户目标上。这个焦点不仅影响了安吉星的设计，也影响了组织内全体员工的日常决策。在通用汽车这种企业中，像安吉星这样的服务可能有无限多的开发方式。清楚地了解用户目标让它更容易判断哪些功能应该纳入安吉星的服务中，哪些功能不应被纳入。例如，什么是该追求的？什么是不该追求的？哪种技术因素最重要？哪些功能无法增加价值？怎样跟用户沟通？如何确保经销商不成为阻碍用户采用安吉星的障碍？

安吉星的创始人兼首席执行官休伯指出："真正的挑战在于，如果你无法看清未来的完整样貌，你如何让你的团队在未来的发展蓝图上各就各位。用户目标达成理论可以帮你做到，只要你运用得宜，这个理论就会出奇地有效。"

在休伯和团队找到用户目标以前，他们一直在帮安吉星挑选各种技术上可行的酷炫功能。休伯表示，以用户目标为核心来改进安吉星以后，表面上看似缩小了焦点，但实际上它为公司提供了清楚的方向，团队可以花较少的时间和精力去评估选项，"焦点因此大幅简化了"。

例如，2005 年飓风卡特里娜和丽塔在一个月内连续袭击了墨西哥湾，这促使安吉星推出一系列新体验和新流程，以兑现让用户安心的承诺。在卡特里娜来袭时，安吉星刚成立不久，还没有应对天灾的经验。之后，客服中心涌入大量的求助电话，很多以前从未考虑到的问题都出现了。惊慌的用户可能在半路上打电话进来，却被告知他们购买的安吉星套餐不包含实时导航功能，这意味着安吉星会要求用户先升级，才能使用实时导航功能。

等到丽塔飓风逼近时，安吉星已经知道这不是个别用户的问题，而是区域性的危机事件。虽然趁飓风来袭时，鼓励用户进行服务升级是一种最有效的推销方式，但客服人员觉得不能这样做，因为这不符合当初用户雇用安吉星的用户目标。于是负责人果断决定为那些从灾区打电话进来求援的用户提供所有的安吉星服务，并且不再要求用户先升级。休伯说，很显然这是正确的决定，“我们在办公室里只谈了大概 15 秒就决定了，我很难想象其他公司能如此迅速地应对变化”。

更重要的是，做决定和执行决定是两码事。当时，安吉星在技术上其实很难实现这一目标，我们必须马上想出不够完善的权宜之计。休伯说：“我们必须临时拼凑出解决方案。”例如，安吉星必须开发一套系统，监测来自灾区的电话，然后把这些电话转给一个特殊的客服团队，从而取得宝贵的实时信息。比如最佳的疏散路线或最新的天气预报。这些运作并不容易，但挑战的难度并未影响目标，团队的焦点依然非常清晰。休伯认为，用户目标就像是汪洋大海中的罗盘。

休伯还发现，当团队专注于用户目标时，他们不仅知道哪些功能和效益最适合纳入产品，还能激励员工尽力把事情做好。在这枚双面罗盘上，当其中一面罗盘的指针指向更深入了解用户目标时，另一面的指针也必须符合更好的用户目标规范。

“每当出现我们从未想过的问题，并且这个问题显然关乎罗盘的方向时，大家都会直接去做。”休伯说，“你不会听到这样的反应：‘别再指派任务给我了。’”休伯说，安吉星团队成员往往受到焦点的激励，会更加投入地工作。

以下是双面罗盘实际运作的例子。休伯的团队和急诊室的医生讨论后发现，预先让紧急救护的接线人员知道车祸的严重程度，有助于拯救生命。于是，他们马上针对这个目标设计了新流程。判断车祸的严重程度需要哪些信息？这需要复杂的算法以及自动判断相关信息的能力，例如了解车速的变化、安全带是否系上、受力的方向、牵涉几辆车等，这些都是很难的技术问题。

休伯回忆道："我记得我和工程师讨论时有点儿紧张，这显然是我们应该努力做到的事，但难度可能很大，成本也很高。不过，工程师在很短的时间内就告诉我：'我想我们可以办到。'这不是因为我叫他们夜以继日去想办法，而是因为他们知道这一切事关重大，而且完全符合用户想要完成的任务。我们不是在思考如何把星巴克的拿铁抵用券输入安吉星的系统，而是为了拯救生命。"

休伯发现，用户目标能够为企业文化奠定基础——我们之所以用这种方式解决问题，是因为我们知道什么很重要以及为什么重要。

南新罕布什尔大学的勒布朗校长认为，南新罕布什尔大学以用户目标为核心的明智举措，也让员工充分获得授权去帮助学生消除任何障碍。他表示："我们的文化授权全体员工去落实这样的理念。"例如，学校的职业生涯辅导员帮助了一位没钱继续就读的学生，这个学生是个单亲妈妈，她的生活中缺乏强大的支持网络。于是，这位辅导员从当地超市购买了200美元的购物券，寄给这位学生。另一个例子是一位罹患重病但只差几个学分就能毕业的学生，技术支持部的员工和辅导员帮助这位学生向院长申请，说他已经完成了足够的学业，可以拿到学位了。校方批准后，他们亲自把文凭送到医院交给了这个学生。

"这些事情都是自然而然发生的，没有人在旁边敦促。"勒布朗表示，"但显然这都符合用户想要完成的任务。我们的目标是持续打造让大家自然而然做出正确选择的组织结构和文化。"用户目标达成理论运用得宜时，可以做到"精准"运营，把浪费、开销、时间都降到最低。因为当企业运营以用户目标为核心时，就能尽量缩减浪费的时间、精力和资源。

“经营美国女孩公司的时候，我们常把一句话挂在嘴边。”美国女孩的创始人罗兰说，“‘美国女孩卖的是故事，不是产品。’这是我们经常用来提醒自己忠于事业的方式。你在这家公司走到任何部门，问任何人，他们都会告诉你这一点。我们对这个理念非常狂热，我们觉得自己有能力改变世界，留住童年的时光。”罗兰指出，以用户目标为核心可以让各层级员工随时获得授权，从而激励他们，“每个加入公司的员工都认同我们追求的用户目标：帮助所有女孩和母亲拥有更加美好的童年”。

评测重点

“能评测，就能做得到”这句话常用来鼓励管理者根据评测指标来追求效率和进步。但是，我们用来测量效率的数据却有利害参半的效果——数据确实有助于评测和管理，但数据也会创造出外部世界的模型。公司的管理者（尤其是大公司）通常无法直接了解用户，他们大多通过数据来了解用户。这些数据把真实的用户加以细分，再按属性把他们重组成“客户群”，变成模型和电子表格。当公司内部划分成不同的业务部门，各自负责不同的产品或客户群时，数据便会通过这些部门过滤和搜集，这样得出来的模型鲜少吻合用户想要完成的任务。

财捷的创始人库克表示：“现代世界有很多东西可以轻易评测，例如屏幕、流量、折现率、频率……能被评测的东西太多了，我们可以获得很多数据，因为它们都是系统自动产生的。”但是，即使财捷拥有大量数据，它知道用户的鼠标点击了什么，它依然缺少某个基本的东西。“我们并未评测对用户来说最重要的事物，因为它很难测量，却又极其重要。我们其实并没有评测出我们的产品是否改善了用户的生活。”

“改善用户的生活”无法转化成财捷追踪的某项数据，但财捷还是可以评测出是否提供了用户想要的购买体验及使用体验。例如，财捷知道，会计师使用财捷软件是为了节省帮助客户报税的时间，从而帮助更多客户报税（因此提高收入），或是腾出更多的时间去做其他活动。所以，财捷软件能否帮助他们达到这个目标呢？

库克曾在亚马逊担任董事多年。他指出，若想了解“如何评测符合用户想完成的任务中最重要的东西，同时持续改善效率”，亚马逊可以说是最好的典范了。前面提过，亚马逊的创始人贝佐斯自亚马逊创立以来，便清楚地锁定了三大要务：多元化商品、低价、迅速到货。在亚马逊知名的“用户逆向创新流程”中，它是以分钟为单位来追踪这三个指标的。

贝佐斯认为，延迟不是意外或绩效不佳，而是应该消除的“缺陷”。例如，为了守住“最低价”的根本承诺，亚马逊开发出一个自动搜索引擎，它可以每天上网两次，搜寻数百种基本商品的价格。只要发现有更低的价格，亚马逊的定价就会自动调得比竞争对手低。这就是你有时会看到购物车里的商品标价突然下滑的原因，如果商品价格下降到某个合理利润的标准之下，系统就会启动人工检查。这个系统的一切设计都是为了效率，但目的是为了有效地达成亚马逊对用户的承诺。每隔几个月，贝佐斯就会亲自颁发“想做就做”奖（Just Do It），奖品是一只旧耐克鞋，以鼓励为了亚马逊的整体利益而偏离其工作职责的员工。亚马逊这种专注于用户目标的方式，让员工清楚地知道了什么对用户最重要。

南新罕布什尔大学也有类似的做法，勒布朗校长表示：“我们的成功是由学生的成就来界定的。”学校虽然会详细记录很多数据，但校长和领导团队最重视的统计数据是：“毕业生若可以重新选择，他们还愿意选择南新罕布什尔大学吗？”基本上，这是在问毕业生，他们是否为自己的目标找到了正确的“解决方案”？截至2016年年初，95%的受访者都说“是”。勒布朗表示：“我们可以评测很多东西，但你评测的是什么非常重要。”

用户目标改变了一切……

2013年4月15日，波士顿马拉松爆炸案发生的当晚，克拉克·吉尔伯特正在饭店的房间里紧盯着电视和笔记本电脑的屏幕。爆炸案发生后，全世界都在努力探究事件的真相。当晚，吉尔伯特几乎没睡，他一直盯着新闻报道，以了解这起触目惊心的悲剧。不过，他对整起事件的关注不只是出于一般公民的关切，当时他是德瑟雷特新闻出版公司的首席执行官（我曾参与《德瑟雷特新闻》的编辑顾问委员会），这家公司发行的是犹他州历史最悠久的日报《德瑟雷特新闻》。翌日，他走出房间，穿过走廊和大厅乘坐电梯时，忍不住去看饭店房间外面和大厅里摆的报纸。这些报纸都没有刊登爆炸发生后的状况，因为重要的细节是在报纸截稿后才披露的。那天晚上，每个小时都会出现越来越多的细节、影片和照片，以更正之前的误传，受害者和救助者的名单也逐渐被披露。报纸截稿后，整起事件又出现了新一轮不同的报道。

但是，在饭店的大厅里，这些新闻标题让人不禁想：传统报纸的用户目标已经被其他资源取代了，大厅里没有一份报纸可以帮助读者获得最新的爆炸案消息，包括《德瑟雷特新闻》。24小时播放的电视新闻、各大媒体网站的实时更新，甚至连推特都比传统报纸强大。如果你现在还不知道前一天波士顿发生了爆炸案，那么你一定生活在山洞里。

对吉尔伯特来说，这番认识当然没什么好惊讶的。数十年来，报业在报道突发新闻方面持续败退。吉尔伯特领导《德瑟雷特新闻》进行组织重组已好几年了，他们把焦点放在强化报社的数字化上，以便和实时新闻竞争。但波士顿爆炸案的报道让吉尔伯特意识到，强化报社的数字化并不能解决核心问题：读者看《德瑟雷特新闻》，究竟是为了什么？

以往大家看报是为了完成四五种用户目标，例如，分类广告是帮助读者“找工作”或“找特惠商品”；读者投稿是为了“找到支持我的观点或帮我阐明观点的人”；在网络出现以前，报纸也能帮读者了解突发新闻；或像吉尔伯特所说的，报纸是“告诉我社区时事”的媒介。

但是，报社把这些用户目标混合在一起，而且样样都做不好，导致后来报社也不知道读者究竟是为了什么看报，无论是印刷的报纸还是网络报道都有同样的情况。这个重要的发现应该促使报社努力提供不同的方案，而不是继续浪费资源去做毫无优势的事情。

如果市面上有很多更好的解决方案可以“告诉我社区时事”，《德瑟雷特新闻》还可以为用户提供什么用户目标？它还有吸引力吗？

于是，吉尔伯特和他的团队开始运用“用户目标达成理论”来回答这个问题。

吉尔伯特说，用户目标达成理论使他们做市场细分时，从“人口统计学导向”变为“用户目标导向”。“我们发现，所有读者都想从报纸中获得同样的用户目标：我希望我消息灵通，见多识广，忠于个人理念，并在家中与社区发挥影响力。”这个目标客户群是由一些小众群体组成的：包容的信徒（有信仰和家庭观的人，但没有强烈的教派意识）、虔诚的教徒（有明显的宗教背景）、左右为难的人（想成为其中一种人，但生活上的种种困难使他们无暇加入这两个团体）。这三个小众群体合起来，统称为“志同道合的信徒”。他们重视家庭，普遍有信仰，他们担心道德沦丧，在乎子女教养，想要回馈所在社区。

值得注意的是，根据《德瑟雷特新闻》的研究，这些志同道合的信徒几乎占到美国新闻读者的56%，而且他们觉得自己并未受到重视。传统媒体之所以忽略他们，部分原因在于这类读者无法从人口统计学或心理层面上被归类，他们不能用富有或贫穷、民主党或共和党，以及城市或乡下来区分。这些读者的特质是：他们想要完成全然不同的任务，但没有任何一份报纸可以提供这个用户目标。主流媒体往往揭露出生活中糟糕、乌烟瘴气的一面，而这些新闻读者想要的则是有深度、不打口水战的新闻，以及可靠媒体的分析。当然，他们也希望新闻能涵盖他们所关切的议题，包括家庭、信仰，以及期望解决的问题等。

吉尔伯特这样描述这群读者对新闻媒体的不满：“他们看《纽约时报》，也看福克斯新闻频道政治评论家肖恩·汉尼提的节目，但他们对这两者都不喜欢。他们欣赏《纽约时报》的严谨和有深度，但又觉得《纽约时报》和他们有点儿脱节，甚至对他们的核心价值观一无所知。他们听到肖恩·汉尼提提到过一些他们的价值观，但又觉得他好辩、易怒。”《德瑟雷特新闻》发现了这个市场缺口，于是他们开始着手处理这个一直存在却无人发掘的用户目标。

《德瑟雷特新闻》是耶稣基督后期圣徒教会的分支机构，但之前它一直是以传统报社的形式经营，并且在犹他州与其他的小报及全国大报竞争，试图成为当地民众的主要新闻来源。通过功能、情感、社会层面的视角，《德瑟雷特新闻》发现传统媒体提供的新闻（包括以前的《德瑟雷特新闻》）和许多读者想看的新闻之间有很大的断层。

吉尔伯特指出：“我们发现读者想要的产品用户目标是，从报纸上得知反映我个人价值观的新闻。读者想要这类信息，让他们更有信心去落实这些理念，在家中与社区发挥影响力。”他们不是在找新闻的“震慑”价值。“我们知道，如果我们可以满足这个情感层面的用户目标，读者就会越发喜欢读我们的报道。”

之后，吉尔伯特向他的团队提出以下挑战：找出平面媒体的重要且与众不同的用户目标，然后全力以赴，完成任务。“我曾对他们说：‘你要假定每个人都知道你要报道什么，而且你报道的已经是旧闻了——这就是平面媒体面临的困境。’”

幸好，这样的思维促使他们迅速找到了一个非常有吸引力的用户目标，这个用户目标和深入分析已经发生的新闻事件有关。为了描述这个用户目标，他们借用《达拉斯晨报》的发行商率先提出的“PICA”法：视角（Perspective）、观点（Insight）、背景（Context）、分析（Analysis）。事件发生及报道之后，读者就会开始寻找这些内容。换句话说，在事件变成众所周知的新闻以后，你可以帮助读者了解新闻事件的意义和影响。但这只是功能层面的用户目标，在情感层面的用户目标上，则是帮助读者把这些议题和他们对家庭及信仰的兴趣联结在一起。吉尔伯特说："就像《华盛顿邮报》是以华盛顿特区的政治为重一样，我们想以美国家庭为重。"

吉尔伯特的描述充分凸显出在塑造用户目标时，"情境"有多么重要："我们发现在功能层面上，即使报纸上的报道最晚出现，它仍然扮演着一个角色。重点在于'明天早上'这个情境，那时新闻已经报道出来了，大家对事实已经有了基本的了解。读者再怎么看美国有线电视新闻网的重复报道，总得有个限度，我们隔天需要的是新闻的深度分析。"

搞清楚《德瑟雷特新闻》可提供的独特用户目标，不仅能指引吉尔伯特及他的团队转型及竞争的方向，也让他们知道自己不该做哪些事情。以美国国会的立法会议为例，传统的新闻媒体会说"我们正在报道美国国会立法会议"，内容涵盖所有的法案以及会议中发生的争论。但是用户目标视角则采用不同的方法："这个会议审核了30项法案，但是在报纸头版，我们只锁定5个可能对家庭有影响的议题。我们把这份报纸的'用户目标'定义为关注信仰及家庭以后，便完全确立了我们寻找、发现、报道新闻的方式。我们的工作重点在于了解读者想要的用户目标，并且站在他们的角度思考。"

使用用户目标达成理论还有一个好处，那就是厘清哪些员工最适合为读者提供这个用户目标。"我们不是《萨克拉门托蜜蜂报》"——这句话成为他们凸显这个特质的口号。"我们想表达的意思是，我们不是传统的报纸，也不是新闻都市报。我们用这个口号来强调我们不做什么，因为这和我们想要提供的用户目标不符。”吉尔伯特说，“每个人都知道，如果有人说你的报道或版面看起来像《萨克拉门托蜜蜂报》，那就是最大的侮辱，因为你在这里最不希望听到有人这样评价你的作品。”

吉尔伯特说，在报社，并非每个人都了解这一点，他们必须把一些不了解的员工调到其他部门或劝退。但报社改变了以后，整个企业文化都锁定在同一个目标上：“我们之所以成长这么快，其中一个原因就是我们招募及培养的人才都深信，美国欠缺与信仰和家庭相关联的报道。”

吉尔伯特说：“改变整个组织的方向，以这个用户目标为核心，真的改变了一切。”相较于传统的平面媒体，《德瑟雷特新闻》的发行量开始大幅增加，网站的流量也急速上升。此外，他们还发现《德瑟雷特新闻》提供了重要的社会用户目标，让志同道合的读者产生了共鸣。“有一次，我们与读者交流，结果发现他们之间产生了强烈的共鸣，就像通电一样。于是，我们在网络上建立了社区，以信仰和家庭为主题，把他们联结起来。”

但是，《德瑟雷特新闻》并不是以传统报纸为核心来建立社区的，而是以情感层面的用户目标为核心。它以信仰和家庭等主题在脸书网上开设社团，并通过这些渠道把新闻内容传递给更多的读者。它在社区媒体上的粉丝从几百万人成长至上亿人（通过《德瑟雷特新闻》的家庭分享网络所开设的多个社交渠道）。对从未听过《德瑟雷特新闻》的人来说，这个数字令人惊讶，但吉尔伯特和他的同事说，这一切都是因为他们找到了明确的用户目标。“很多原本不会来找我们的人，现在反而是最热情的参与者。”吉尔伯特说，“当我们以用户目标为核心来打造社区策略，而不是把报纸当成产品时，我们就打开了市场，接触到了比我们预想的还要多的读者。”

留在用户目标情境中

无论是有意还是无意，每一个卓越的企业一开始会成功，都是因为它为一群用户提供了重要的用户目标。在最初的流程或规范中，几乎没有什么“优先要务”，例如如何评估机遇、如何决定管理者的薪酬、如何评测成果等。成功的新创企业通常以用户目标为核心，看起来很像由一小群人组成的，每个人都身兼数职，它们都很了解要为用户提供什么东西，帮助用户获得想要的进步。总之，在新创企业中，它们是以用户目标来建构组织的。

但时间一久，一切都改变了：企业成长需要额外的管理层级和更多的沟通。清楚的职责划分和定义明确的流程，是避免组织陷入混乱的必要条件。随着企业的成长，早期以用户目标为核心来建构组织的方式无法再继续维持下去，也无法进行管理。因此，企业开始把焦点转移到用户、产品、竞争对手和投资人身上，对用户目标的关注越来越少。

不过，增强控制和增加效率并非毫无风险，风险在于管理者可能把他们的任务塑造成“有效率地执行既定的内部流程”，而不是“有效地帮用户完成任务”。管理者越是偏离用户的情境，就越容易陷入人为编辑过的外部世界。

久而久之，当我们开心地扩张业务，根据内部定义来改进能力时，企业可能会越发偏离当初用户追求的任务。但财捷、南新罕布什尔大学、美国女孩、安吉星、《德瑟雷特新闻》，以及我们研究过的很多成功企业则展现出全然不同的发展方向：它们以用户想要完成的任务作为企业的组织原则。

功能层面的管理和效率是市场竞争的必要条件。但是，只有在完成了重要的用户目标，为用户创造出价值时，这样的效率才有价值。成功的企业不会为了追求运营效率而牺牲用户想要完成的任务。

马来西亚森那美集团的策略创新总监哈利·奈尔多年来一直在创新工作中使用用户目标达成理论，他之前在Innosight咨询公司、宝洁、金佰利任职时也是如此。他指出："你可能不认同电子表格或营销活动，但公司内部不该为'用户目标'而争论，用户目标在企业中可以产生统一的力量。我们的周围充满大量信息，这些信息往往相互矛盾，但你只要说：'我们回归用户目标吧，用户雇用我们的产品是为了做什么呢？'大家就不再争论了。"

【重点摘要】

- 让企业员工了解为用户完成何种重要任务，可以成为凝聚全体员工朝着共同目标迈进的口号，同时它也是企业持续创新的指南。
- 多数企业的使命宣言往往过于笼统；相反，精心设计的用户目标不仅鼓舞人心，而且切实可行。
- 以用户目标为导向的企业能够获得4种明确的益处：
  - ★ 分布式决策：企业全体员工都可以做出以用户目标为导向的决策，进行自主创新。
  - ★ 资源的最佳配置：用户目标凸显出资源最适合用在哪些地

方，不适合用在哪些地方，对资源做出最恰当的配置。

★ 激励效果：帮助用户完成任务可以激励员工，因为这会让他们看到自己的工作如何帮助用户在生活中获得了进步。

★ 做出更好的评测：把焦点放在用户目标上，大家自然会评测与管理以用户为导向的指针。

- 清楚地说出企业帮助用户完成的任务，并将其深深植入企业文化，这可能很困难，需要下很多的功夫，但你为此获得的回报是值得的。

【领导者的思考题】

- 你的企业之所以存在，是为了完成什么重要的用户目标？
- 企业内部是否普遍了解这些用户目标？用户目标是否反映在企业的使命宣言或其他重要的企业宣传中？
- 领导者是否经常传达这些用户目标的重要性？
- 如何把这些用户目标融入你的领导信息、企业宣传及文化中？

第10章

关于用户目标达成理论的其他应用

在最后一章，我有三个愿望。首先，我想传达用户目标达成理论对创新者的妙用，因为它解开了困扰管理者数十年的问题：创新真的只能碰运气吗？我们可以肯定地告诉你，绝对不是！第二，我想说明用户目标达成理论的局限性，即它能解释什么，以及不能解释什么。这一点很重要，因为把用户目标达成理论套用在无法解释的问题上，它就失去了明确性和预测性。第三，我想激发你的好奇心，举例说明用户目标达成理论可探索的问题有多深多广。

我们真的能称之为“理论”吗？

对许多读者来说，“理论”是以一连串的方程式或公式，描述独立的变量或因子是如何影响研究结果的。产生理论的研究结构通常是演绎性质的，这种研究从因果关系的核心命题开始，然后去搜寻验证（或推翻）核心命题的数据或现象。

其他的理论则通过归纳研究建构。做这种研究的学者一开始没有因果关系的命题。他们会认真审视某个现象以及有关现象的数据，针对什么导致事情发生以及为什么，逐步得出一个命题。

用户目标达成理论是归纳出来的，因为创新失败如此普遍，我无法一开始就针对成功的创新提出一个核心命题，然后再以演绎的方式进行测试。20多年来，我小心地观察买卖东西的人都在做什么，从而归纳出“为什么”。

以归纳法建构理论的一大目标，是开发出一个或多个“构念”（construct）。构念通常无法被直接观察，构念是抽象概念，它往往是一种可视化的想象，帮助观察者了解现象长期以来如何互动及相互改变。相关性透露出现象之间的静态关系，构念则是帮助我们了解因果关系动态性的踏板。

例如，在化学中，奥古斯特·罗朗（1807—1853）把化合物可视化（构念），因此可以解释化合物如何产生及转变成其他化合物。在经济学中，亚当·斯密（1776）提出“看不见的手”这个构念，用来解释自由市场的运作。他把市场比作一只看不见的手，把资本和劳动力配置到可为社会带来繁荣的活动中，并从浪费资本和劳动力的实体中释放出资源。这个理论帮助了数十亿人了解资本主义在妥善建构下如何造福于人类。在颠覆性创新理论中，定义“颠覆”本质的关键，在于想象科技进步和市场需求互动的轨迹。

为什么我要岔开话题，讨论构念在理论中扮演的角色呢？因为“用户目标”这个词就是一种构念，它完全符合构念的定义以及它在“用户目标达成理论”中扮演的角色。了解“用户目标”这个构念，需要小心定义那些用来传达我看到的现象的词汇。例如，“雇用”和“淘汰”不仅是简洁好用的词语，它们也能帮助我想象交易流程实际上是如何运作的。

有些人读这本书时，可能会批评这些用语，因为现实企业里的真人实事不是在电子表格上操作的数据。有些人对好的理论的开发会有某种错误的担忧。当你看到数字化的数据时，切记，这些都是人造的，是某个人或某群人决定把现象中的哪些要素纳入数据中，哪些要素忽略不计。因此，数据反映了偏误。约翰逊和卡普兰合著的好书《转折点上的成本管理》显示，每个数字背后都有复杂的故事。这些故事经过解析并归纳成数字后，故事本身也隐藏了起来。[1]当故事被讲述出来，其中的数据很丰富。从好的个案中得出的认识也很深入，但从故事中归纳出来的数字所衍生的观点往往很浅薄笼统又空泛。

基于这些原因，我们觉得“用户目标达成理论”这个名称很贴切。

当理论“错误”的时候

研究者刚想出一个理论时，一开始都是不完美或不完整的。理论是在人们持续的运用下，不断地演化及改进的。好的理论其实需要有异常现象（也就是理论无法解释的状况）才能改善。当异常现象出现时，会迫使研究者回过头来钻研那些混乱的现象。他们需要改进自己的理论才能解释异常现象，或是为理论定义新的使用限制，而超出限制以外，这些理论就不再适用了。每当我们发现及解释异常现象时，我们对世界的运行方式又有了更多了解。

许多学者有一种非常不明智的习惯，他们会针对同事创建及发表的理论，刻意找出“反驳”这个理论的现象，然后在知名的期刊上发表论文，接着就得意地躺在某地的沙滩上，因为他们的论文现在已经变成“文献”了。实际上，这样做对任何人都没有好处。异常现象并非驳斥任何事情，异常现象只是指出了理论还无法解释的东西。发现异常现象的学者需要努力改进自己的理论，或是以更好的理论取代原来的理论。

我希望本书读者也能找到用户目标达成理论还无法解释的现象。如果你能让我知道这些问题，就可以帮助大家进一步了解这个理论。撰写本书之际，我正在为理论寻找方法，以便大家一起改进，我很欢迎各位来分享自己的想法。在此，我首先感谢大家加入这个深入探索理论的过程，帮助我们了解如何更有效地管理创新。

用户目标达成理论的适用范围

20 年前，我以“颠覆性创新”描述了新企业颠覆现有企业的现象。后来，颠覆性创新理论指引成千上万家企业蓬勃发展。但是，“颠覆”这个字眼就像许多英语单词一样，有多重意思，所以颠覆性创新理论经常遭到误用，很多人拿它来描述不适用的现象和情境。我也想过是否有更好的词汇可以避免大家误用，但到目前为止，我还找不到更好的替代语。

因此，我想为“用户目标”这个字眼设定一个使用范围。我们很容易就想以“用户目标”来描述我们想了解的多种人类动机，但并非刺激我们发起行动的每件事都是用户目标。我们在这里定义的“用户目标”需要下功夫去发掘及了解，所以我们不能不假思索就把某件事称为“用户目标”。而且，我在本书中刻意把“用户目标”定义得很精确。大家在研读及应用用户目标达成理论时，有两个问题应该极力避免。

第一，如果你或同事以形容词和副词来描述“用户目标”时，这就不算是真正的用户目标。它可能是描述用户达成任务时需要经历的体验，但它并不是我们界定的用户目标。例如，“方便”不是用户目标，它可能是促使用户挑选你的产品而非竞争对手产品的体验，但它不是用户目标。定义完善的用户目标是以动词和名词表示的，例如“我想用语音输入来写书，这样就不需要打字或手写了”。而且，“我们应该让自己变得更诚实”是一个崇高的目标，不是用户目标。

第二，为了确保理论的实用性，以合适的抽象层来界定用户目标很重要。这样比较偏向艺术，而不是科学。此外，有一个很好的经验法则：如果只有同类的产品符合系统或产品的结构，那么用户目标概念就不适用。如果只有同类的产品能解决问题，那么，你发现的东西就不是用户目标。

以下是一个例子：“我需要一杯装在 12 盎司[①]塑料杯里的巧克力奶昔。”这不是用户目标，因为符合这项描述的商品都属于奶昔。我可以说这是“需求”或“偏好”，但它不是“用户目标”。我们需要提高到抽象层级才能发现用户目标。例如，“我需要一种东西让我开车上班时有事做，此外，我也希望它可以给我饱腹感，让我早上十点开会时不觉得饿。我可以买香蕉、甜甜圈、贝果、士力架巧克力或咖啡来完成这个任务”。在这个例子中，可以完成任务的选项来自不同的产品类别，而且根据我们的经验法则，这就是合适的抽象层级。

另一个例子：“在房子铺瓦片、搭墙板或砌砖墙以前，我需要一

① 1 盎司≈28.35 克。——编者注

张轻薄的材料把房子围起来。它的摩擦系数要高，导热系数要低，坚韧度要高，以免使用时破裂了。对了，它还要防水。”这也不是用户目标，而是技术规格，你可以选购杜邦研发的特卫强，或是干脆省下这笔钱，什么都不用。

你需要提高抽象层级才能发现用户目标。以下是提高到抽象层级后，你可能发现的东西：“我们要在波士顿盖所新房子，冬天湿冷的空气和夏天潮湿的热气都很容易渗入墙面。我希望家人冬天在家里感到温暖舒适，夏天觉得凉快干爽，所以，我需要在屋子的外墙加上隔离材质，以减少暖气和空调的费用。”

你可以买木浆或纸浆，把它灌入墙壁的空隙；你可以买一大卷玻璃纤维绝缘体，把它钉在墙上；你也可以买杜邦公司研发的特卫强。为了让墙面更密实，我可以同时使用特卫强和玻璃纤维绝缘体。或者，我也可以冬天多穿几件衣服，夏天多开窗户。也许我应该买两台除湿机和电风扇，或是干脆搬到加州的圣塔芭芭拉或旧金山，让大自然帮助我解决隔热或保暖的问题。

我们看得出来这是用户目标，而不是技术规格或要求。我们之所以知道这是用户目标，是因为其他完成用户目标的选项来自不同类别的产品和服务。

用户目标达成理论的应用

过去20年来，用户目标达成理论有了很大的变化。当我帮助很多人解决多种不同的难题时，意外地发现用户目标达成理论的应用可以更广泛。我几乎每天都会发现用户目标达成理论的有趣实例。我女儿凯蒂最近跟我聊起美发沙龙Drybar，这家美容院只提供一种服务：帮顾客打造出完美的发型，并附加一些客户体验，帮你为特殊的夜晚做好准备，让你更加自信。（我不知道有这么多人喜欢这种服务，听完以后我完全改变了自己的认识。）几年内，Drybar已经在全美各大城市掀起热潮。

在美国政府预算紧缩的年代，一位空军四星将军面临激励及留住顶尖人才的挑战，他来找我咨询，我们也讨论了用户目标达成理论。他离开时，似乎对自己面临的困境有了全新的认识，并且对未来充满希望。他离开时对我说："没想到奶昔这个故事竟然可以彻底改变我对部队人才招募的看法。"他面临的问题确实充满挑战，但我希望用户目标达成理论可以提供不同的观点，帮助他改变现状。这是最近几天我遇到的实例，但我一直在想，用户目标达成理论其实可以用来解决家庭和社会中更大的问题，例如个人生活、教育、医疗保健等。

• 家庭幸福

2012 年，我和迪伦以及我的得意门生詹姆斯 · 奥沃斯合著了《你要如何衡量你的人生？》一书。[2] 在这本书的第 6 章，我们从用户目标的观点审视个人生活。我们在个人及家庭生活中看到一些没有受到关注的情况，因此提出以下的问题："父母对孩子来说有什么用户目标？"以及"妻子需要丈夫帮忙完成什么任务？"我们以合适的抽象层级提出这些问题，例如，家里有东西坏了，妻子可能需要丈夫来修理，她也可以找工人来修理，或是干脆自己修理。或者，她决定置之不理，选择视而不见。妻子需要的另一个用户目标是关爱，丈夫可以完成这个任务，但丈夫在这方面往往做得不好，所以她可以找亲友或专业人士来完成这个任务，或者干脆忍受现状，不去寻找完美的解决方案。希望你读到这里时，也思考一下你在生活中想要完成的任务，以及你是否处理得当。这将是一个发人深省的练习。

•公立教育

2010年，我和得意门生迈克尔·霍恩合著了《创新者的课堂》一书[3]，霍恩目前是美国未来教育的引导者，我们在这本书里探索了为什么公立学校难以改善教学质量。改善学校教育确实是一个很复杂的问题，在《创新者的课堂》中，我们从用户目标的观点探索了学生想要完成什么任务。我们的结论是，“上学”不是学生想要完成的任务，上学只是学生可用来完成任务的选项之一，学生真正想要的是“每天获得成就感”，他们也需要朋友的陪伴。当然，上学可以完成这些任务，但他们也可以休学加入某个帮派，这一样可以给他们成就感，也可以结交朋友。或者，他们可以休学去工作，自己赚钱买车，载着朋友在街头巷尾以飙车为乐。

很多学校在这方面做得很不好，导致很多孩子上学时有挫败感。孩子们也可以靠运动获得成就感，对有些孩子来说，运动带给他们很大的成就感。但是对没有运动细胞的孩子来说，运动会让他们产生挫败感，所以他们可能会把注意力转向电子游戏，从电子游戏中寻找成就感。还有很多学生不擅长电子游戏，所以他们可能跟同样有挫败感的朋友为伍，一起吸毒或做其他事情以寻找成就感。

最近，我很高兴得知康宁公司首席执行官温德尔·维克斯和他的妻子金·弗洛克在纽约的康宁市成立了“数学与科学非传统学院”（Alternative School for Math & Science），他们的目的是让孩子在学校里获得成就感，这也是可汗学院的目的。看到这些优秀的人才努力为学生提供想要的用户目标，我对未来教育充满了希望。我们都知道，在孩子的生活中，这些都是显而未见的重要用户目标。[4]

• 医疗服务

2009 年，我和另一位得意门生黄捷升（现任破冰保健医疗公司的共同创始人和首席医疗官）合著了《创新者的处方》一书。[5] 这本书探讨了为什么我们的医疗系统使用率逐渐下降，但成本依然以惊人的速度增长这个问题。我们解开这个难题的关键也是用户目标达成理论。例如，大多数人希望自己保持健康，不必思考健康问题，但医疗机构其实是靠病人生病赚钱的。也就是说，它们是“疾病”护理，而不是“健康”护理。当我们都保持健康时，这些医疗机构反而没钱赚。所以，在美国的医疗体系中，一般人想要的用户目标和医疗机构提供的用户目标是不符的。

在山间医院、凯撒健康计划、盖辛格医疗系统这类医疗机构中，管理者积极为用户实现想要的用户目标，它们采用的一种方法是承担护理成本，也就是帮用户投保。如此一来，医疗机构的财务稳健将依赖于会员的持续保持健康。这种关系也适用于提高疾病预防、医疗护理的效率和效果，从而促成用户目标导向的创新。这使得医疗保健机构把焦点放在对会员保健上，而不是等到会员生病才介入；它们也可以在会员生病时，尽快帮会员康复或有效地控制慢性病。这样一来，医疗从业者所提供的用户目标和用户想要完成的任务就达成一致了。

这种方式和传统的医疗体系截然不同，传统医院只有在为用户提供医疗服务时才获得收益。在这种情况下，医疗机构并没有动机长期帮助消费者保持健康或管理医疗成本，它们反而会想办法增加医疗数量。在这种情况下，医疗机构所提供的用户目标和用户想要完成的任务是不一致的。

• 日常生活中的应用

想想看，我们选政治领袖的用户目标是什么？这些政治领袖认为我们为什么选举他们呢？他们所提供的用户目标和我们投票时想要完成的任务有什么不同？两者相符吗？我们选政治领袖出来是为了让他们领导我们吗，还是让我们表达不满？这是两回事。我在第8章提过，德鲁克曾提醒我们："用户花钱买下的东西，通常不是公司自以为卖出的东西。"我猜，选民和政治人物之间的认知也有严重的脱节，这也是我们对当选人持续感到不满的原因。

下次你去教会、庙宇，或刻意不去这些宗教场所时，想想这种脱节的现象。用户目标达成理论可以解释为什么很多教会很难留住信徒：它们已经忘了自己在信徒生活中的用户目标。

关于如何运用用户目标达成理论来帮助我们洞悉世界，我可以讲好几个小时。好的理论不是为了教会我们思考什么，而是为了教会我们如何思考。我希望各位读者在读完本书后，继续在家中或办公室里用这种方式去思考。

理论如何提供帮助

几年前，我在哈佛开了一门名为"打造与维持成功企业"（building and sustaining a successful enterprise）的课程。某天课上到一半，一位学生举手发问。当时，那门课已经上了半个学期。和以往一样，我教了一些理论。我觉得这些理论在学生进入职场后都是很实用的工具。多年来，很多学生问过我很多问题，我通常都准备得很充分，可以马上回答。但这位学生的问题让我有点儿意外："教授，抱歉，我无意冒犯，但我想知道这门课的目的是什么？"我很惊讶，是因为我以为这门课显然是在帮助他们做好准备，面对未来的职业生涯和人生，应对那些未来难免会遇到的困难。但是，当时，我说让我回家想一想答案再回复她。隔天，我找到了一个不仅令她满意也令我满意的答案："在这门课程中，我们将学习可以用来解释'什么导致什么发生'（what causes what to happen）的理论。知道事情如何运作，这不是很棒吗？"

这也是本书的目的。当你知道创新是如何运作的，当你知道创新成功的真正原因，你的努力就不需要碰运气了。一直以来，我们都以为运气是必要条件，甚至整个行业的人（例如风险投资）都认为创新基本上是一种概率游戏，现在，是时候推翻这种陈腐思想了。我花了20年时间搜集证据，现在，你可以投入时间、精力和资源，去开发预知用户会非常想雇用的产品和服务，你不需要再像其他人那样靠运气竞争了。

注释

1. 托马斯·约翰逊和罗伯特·卡普兰,《转折点上的成本管理》(*Relevance Lost: The Rise and Fall of Management Accounting*), Boston: Harvard Business School Press, 1987.

2. 克莱顿·克里斯坦森、詹姆斯·奥沃斯、凯伦·迪伦,《你要如何衡量你的人生?》(*How Will You Measure Your Life*), New York: Harper Collins, 2012.

3. 克莱顿·克里斯坦森、迈克尔·霍恩、柯蒂斯·约翰逊,《创新者的课堂》(*Disrupting Class: How Disruptive Innovation Will Change the Way the World Learns*), New York: McGraw-Hill, 2008.

4. 我们知道,至少有5位作者的书名为《显而未见》(*Hidden in Plain Sight*),他们是詹恩·奇普切斯、西蒙·史坦哈特、艾瑞克·乔幸斯瑟勒、安德鲁·托马斯、彼得·瓦里森。我们很感谢他们及其他人想出了这句妙语,并斗胆在本章中借用这个说法。

5. 克莱顿·克里斯坦森、杰罗姆·格罗斯曼、黄捷升,《创新者的处方》(*The Innovator's Prescription: A Disruptive Solution for Health Care*), New York: McGraw-Hill Education, 2009.

致 谢

克里斯坦森的谢词

我花了8年的时间开发颠覆性创新理论，并写下《创新者的窘境》来说明。相反，我们花了近20年时间改进营销的“用户目标达成理论”，才敢把它归纳在本书里。为什么会有这样的差别呢？我有大量有关磁盘驱动器的资料，这让我总结出了颠覆性创新理论。但在研究用户目标达成理论时，我们就没有那么幸运了，我们需要向很多人及公司逐一搜集资料，没有捷径可走。

因此，我需要感谢的人很多，他们帮我开发出这个理论的主体，让我可以用它来说明成功创新的重要原因。20年前，当莫埃斯塔第一次来哈佛商学院找我时，他带来了很多问题。他读了颠覆性创新理论，并且想把这个理论运用在咨询事业上，帮助他的客户。我想我们当初都没有料到那次见面会启动如此漫长的研究和合作，莫埃斯塔和他的伙伴派迪是最早提出问题的人，他们促成了用户目标达成理论的诞生，以及日后多年的运用。

过去20年间，莫埃斯塔和我每季都会见面讨论，每次讨论都让我获益匪浅。他有着工科背景，职业生涯的初期还有幸得了田口玄一博士和戴明的指导。他在工作上持续地应用及塑造用户目标达成理论，这为我们丰富的合作成果奠定了基础。我鼓励他创立“再连线”公司，把用户目标达成理论应用在客户遇到的创新挑战上。

我把他和这个理论介绍给我合创的Innosight咨询公司，也多次邀请他到我的课堂上分享用户目标达成理论的实例。我想不到比他更好的理论代言人了，看他随机访问观众，就像看魔术师表演魔术一样，他诱使观众分享的东西总是令我啧啧称奇。我很珍惜我们多年来的合作关系，更重要的是多年来的情谊。

财捷公司的共同创始人库克多年来也是用户目标达成理论的爱好者，早年他的想法帮助我们建立了理论。2005 年，我和他及本书的合著者霍尔在《哈佛商业评论》上第一次撰写了有关用户目标达成理论的文章。我们多次讨论这个理论如何运用在他的公司上，后来他帮助我了解了很多“负面用户目标”，也就是用户不想做的事情。多年来，我和库克及他的员工对话时，学到了很多东西，包括组织要持续专注于用户想要的产品用户目标有多么困难。我们有很多的看法都得益于库克和他的团队。

在完善理论时，我发现找到言之有物的怀疑者是难能可贵的事。迈克尔 · 克里斯坦森是哈佛商学院的毕业生及贝克学者，也是我的儿子，他正好就是这个角色。迈克尔和我经常为了用户目标达成理论的解释能力争论不休，我已经不记得对此辩论过几次了，他并不愤世嫉俗，他只是在追求真理时，对学术的完整性要求极高。他的质疑促使我们把理论修改得更好，我很感谢他勇敢地质问老爸，用户目标达成理论也因此变得更加完善。

戴维 · 松达尔与我合作多年，最近他担任了克里斯坦森研究院的资深研究员。松达尔比我认识的任何人都更了解理论建构得稳固扎实是多么重要。他听到有人假装内行时，不必等话讲完，就能听出那些内容大有问题。他也知道哪些理论学者值得信任，哪些不值得信任。我很感谢他帮我为用户目标达成理论找到了运用范围，我想他跟我一样喜爱好的理论，但他强烈坚持理论必须精进到完善时才能公开。

我的同事德里克·范·贝弗能言善辩，见解过人，每年在他的领导下，我们会邀请几位最优秀的毕业生来参加哈佛商学院的创新成长论坛。这些人都是最顶尖的人才，他们来哈佛商学院一两年的时间，积极开发、改进及传播创新与管理理论。马克斯·韦塞尔暂时搁下职业生涯的发展，加入论坛已有两年时间，他帮助我们塑造及精进用户目标达成理论与应用。他的贡献使得用户目标达成理论变得更加稳健，使用户目标达成理论对现实世界的管理者更实用。他持续提供宝贵的洞见，也是我们的好朋友，我非常感谢他的贡献。劳拉·戴加入论坛一年，帮助我们推动想法，协助团队在现实世界发掘用户目标。她对主题的热情使得每次讨论不仅成果丰硕，也让我乐在其中。汤姆·巴特曼、埃弗萨·吉欧姆、詹姆斯·奥沃斯、蒂娜·王、杰森·奥吉尔也帮助我们了解了用户目标达成理论是如何和他们开发的其他管理模型互动的。

多年来，用户目标达成理论因Innosight咨询公司同人的努力思考及实地应用而收获良多，尤其是我的合伙人斯科特·安东尼，他和我为这个理论想出了一些最基本的概念。他一直是我信任的合作伙伴与朋友。资深合伙人乔·辛尔德率先把这个理论应用在大企业中，因此对这个理论贡献卓著。Innosight咨询公司与世界500强企业的合作，让我们有机会挑战如何使整个企业都热情地接纳用户目标达成理论的概念，并把它融入品牌团队和事业的活动中，让不同层级的管理者都了解用户目标是如何驱动策略和计策的。

我的教学同事德里克·范·贝弗、切特·休伯、史蒂芬·考夫曼、罗利·麦克唐纳德、威利·施、拉吉·乔德瑞、雷·吉尔马丁是世界上最聪明、最无私的人，他们每天运用我们的理论来探索如何解决问题，以及如何为企业创造成长机会。但他们也找出我们的研究还无法解释的情境或结果，帮助我们解释这些异常，改善理论。我以前指导他们如何传授工商管理硕士课程，现在他们指导我如何传授我的课程。我很感谢有这个机会和这群优秀的人才共事。

这几年，还有很多人和我们分享他们的重要洞见。大创意集团（BIG）的创始人兼首席执行官麦克·柯林斯是我认识的最早运用用户目标达成理论而且成效卓著的首席执行官之一。杰拉德·波斯特尔和丹妮斯·尼特豪斯和我一起合写了用户目标达成理论的早期文章，在塑造及分享早期的理论中扮演了重要的角色。

哈佛商学院的院长尼丁·诺瑞亚在培养哈佛商学院的求知风气方面扮演着重要的角色，他一直是创新成长论坛的支持者，这个论坛能帮助我们和上过“打造与维持成功企业”课程的 7 500 位学生保持交流。这些毕业生就像以前上课一样，持续为我们寻找这个理论还无法解释的异常，并运用理论来打造公司，而且很多公司都非常成功！我为他们感到骄傲。

克里斯坦森研究院的同事也是如此，他们提出一些当今企业面临的重要问题，并努力寻找答案。我把他们当成圆桌骑士，他们都离开了蓬勃发展的职业生涯，加入我们的行列，一起来研究管理问题。

接下来要感谢的是我的梦想团队。我很幸运能与霍尔、迪伦、邓肯合写这本书。霍尔是我在哈佛商学院的第一届学生，我还记得当时他坐在中间偏左上方靠过道的位置。多年来他和我多次合作，或许最重要的是他和我合写了刊在《哈佛商业评论》上的第一篇有关用户目标达成理论的文章。我之所以找霍尔合作，是因为他总是可以为我们的作品增添一些实践经验，并提出一些合理的质疑，而且他在讨论时总是对理论充满热情。他反应敏捷，讨论时擅长举一些有趣的对比和例子，非常幽默风趣。

迪伦可以说是世界上最棒的作者和编辑了，我们合作过两次，包括这本书和《你要如何衡量你的人生？》。她擅长把学术思维转变成实践者真正了解及运用的东西，从这本书的字里行间即可看出。我很感谢她不辞辛劳地投入精力，努力把这本书写得更好。她在这本书里的贡献不只是作者而已，她也是难能可贵的思考伙伴、合作者和朋友，与她合作真是三生有幸。

过去10年中，邓肯因为协助开发及落实用户目标达成理论，使他成为我认识的人里面，最博学多闻、最具创新性的实践者。身为Innosight咨询公司的资深合伙人，他与许多全球企业一起因应困难的创新与成长的挑战。我知道他的努力在这些企业留下了持久的影响，他对这本书也有同样的影响力。我们在了解及说明用户目标达成理论时，一起厘清了一些细微的差异与挑战。早在邓肯开始思考创新以前，他就已经在哈佛拿到了物理学博士学位。在我们的互动中，他卓越的分析力让我获益匪浅。

虽然按照一般惯例不会称他们是共同作者，但是少了艾米丽·施耐德和乔恩·帕尔马，我们就无法完成这本书。他们不仅改善了我们的生活质量，也改善了这部作品的质量。施耐德担任我的助理5年了，每天都以过人的热情帮我处理大小事，让每一位来这个办公室的访客都有宾至如归的感觉。我雇用帕尔马时，就知道他会是我们团队的一大财产，但是当时我还不知道他的贡献有多大、多快。他不仅迅速地熟悉了这个办公室里的复杂理论、人事和项目，也贡献良多。我愈来愈依赖他的敏锐思维、无限活力，或许最重要的是他的卓越判断力。

在这个过程中，我结识了许多优秀的同人及一辈子的朋友，非常感谢他们愿意每天跟我一起工作。

近20年来，我的经纪人丹尼·斯特恩与他的同事克里斯滕·泽尼根·卡普和奈德·沃德为我的重要项目提供了大力的协助。感谢他们的细心指引，以及努力确保我们都很重视的价值观。本书的编辑霍利斯·海姆鲍奇是我多年来重要的合作伙伴，她有罕见的能力，能支持和鞭策我，还有过人的编辑技巧，她相信卓越的点子是激励我们整个团队的重要来源。

最重要的是，我想感谢我的孩子马修、安、迈克尔、斯班赛和凯蒂，他们是我的完美团队。他们质疑、测试、编辑、运用这本书里的每一个段落。我们的孩子现在都有自己的事业，我和妻子克里斯蒂娜都为他们的成就感到骄傲，除了因为他们善用我们在家里讨论的管理理论，我和克里斯蒂娜最感到自豪的是，他们每天都记得上帝为什么派我们到这个世界来。我们教导他们这个道理，现在我们的孩子、他们的伴侣、我们的孙子也教会我们这一点。为此，我永远心存感激。最重要的是，我要感谢我的妻子，这本书里每一页都有她留下的精辟洞见及编辑巧思。我找不到比她更好的人生伴侣了。能有她常伴左右，我倍觉荣幸，满怀感激。

霍尔的谢词

生命中的重大事件通常是在出乎意料中倏然降临的，我与克里斯坦森的多年情谊也是如此。

24 年前，我第一次踏进克里斯坦森的课堂时，完全没料到未来我们会展开如此精彩的旅程。这些年来，每次和克里斯坦森交谈以后，我对他过人的耐心、智慧与良善总是充满了感激。克里斯坦森，非常感谢你。

我也想感谢合著者迪伦和邓肯。邓肯精确的逻辑思维令我羡慕，他让复杂的概念显得井然有序，使这本书变得更有看头。任何人想要写书的话，我都希望他会有迪伦这样的伙伴。我常觉得我像童话里的鞋匠，夜里把制鞋的布块摊在桌上，隔天醒来发现鞋子已经完美地放在工作台上，与迪伦合作就是这种感觉。

克里斯坦森的办公室主任帕尔马在这个项目进行到一半时才加入我们，但他迅速赶上进度，完全没遗漏任何细节。如果你很幸运，你会在生活中赞叹你与帕尔马互动的时刻。每次他一出现，几分钟内你就会在心里想：“没有他怎么办？”他一出现，总是可以瞬间让我们做的一切变得更好、更容易、更有趣。

你要是寄给克里斯坦森一封电子邮件，会马上收到回信：“艾米丽 · 施耐德掌管我的世界。”此话一点也不假，施耐德是我们的一大福气。事实上，与克里斯坦森和施耐德合作多年后，我也很希望施耐德能掌管我的世界。

感谢以下几位朋友与同事，他们都非常睿智，对我极其大方：赫伯 · 艾伦、鲍伯 · 巴洛奇、巴里 · 卡尔皮诺、斯科特 · 库克、迈克 · 德潘尼菲力、克雷格 · 杜比斯基、巴里 · 哥德布拉特、杰森·格林、布莱恩·霍利根、罗德·霍根、史蒂夫·休斯、拉里·基利、吉姆·克尔兹、彼得·克莱恩、斯黛里·林赛、锡拉·马斯洛、彼得·马力克、帕特·麦高里、汤姆·莫纳汉、帕克·诺伦、迭戈·皮亚森蒂尼、迈克尔·雷诺、萨尔·罗森博格、詹妮弗·萨恩斯、罗格里奥·德罗斯·桑托斯、安舒·沙玛、杰夫·坦纳、杰·沃克、迈克·维杰、罗伯·温吉尔、艾迪·尹、杰夫·萨尔特曼。

在尼尔森公司和剑桥集团里，每天我们都有很多机会把创新的概念应用到现实世界中。为此，我非常感谢这两个公司的同人。

埃杜尔多·萨拉查和他的团队打造了现实世界实验室以测试我们的理论，并在哥伦比亚创造了新的成长业务。埃杜尔多证明创新与疯狂的交集是生产力极其旺盛的地方。

几年前，安·克里斯坦森与我合作了一系列的项目，这些项目和新兴市场的高成长公司有关。安让我的思维更加敏锐，让我改进了很多概念，也让这本书变得更好。

任何怀疑创新能否改变世界，甚至拯救世界的人，都应该认识一下琳达·罗腾伯格以及奋进集团的团队。20年来，琳达一直是我的好友，并带给我很大的鼓舞。与琳达及上千位组成奋进网络的创业者合作，让我们有机会在各行各业及各种文化中，应用并改进我们的理论。

维瓦第集团的埃利奇·乔奇姆斯特不仅是我的好友，也是难能可贵的思想伙伴。近年来，他多次从繁忙的工作中腾出时间，帮助我整理及强化一些不完整的想法。

莫埃斯塔对用户目标达成理论的贡献和其他人一样多，他跟我情同手足。

我认识的第一位卓越创新者是我的外祖父哈肯，他也是我最要好的朋友。他是天生的改变世界的创新者，当被告之人类的心脏太复杂，难以动手术时，他却认为真正的问题在于大家对心脏的了解太少。于是，他成为心脏手术界的先驱，他为130位在第二次世界大战中中弹的士兵移除了炮弹碎片，没有一人因动手术而死亡。后来，他看到很多患者动了危险的手术后存活下来，却在转到病房复原时过世了。他早在我们想到用户目标达成理论以前，就运用了这个道理，整合不同的医疗部门，打造出全球第一个重症监护室，拯救了无数的生命。

我想这个世界上可能有一些作者是独居隐士，但是对我们来说，写书其实是全家人的事，我妻子凯伦和女儿佩内洛普及哈德莉都为这本不太可能被她们列为圣诞礼物的书，做了无数的牺牲。但她们给了我全世界最棒的礼物：充满意义、关爱与笑声的生活。这本书占用了许多我与家人相处的时间，现在让我们好好玩乐吧！

迪伦的谢词

克里斯坦森的来电总能带给我有趣又令人振奋的惊喜，这本书也不例外。我觉得我很幸运，有机会再度与这位永远都是那么卓越、善良、大方的人合作。而他正好又是全球顶尖的意见领袖，这可以说是锦上添花。对我来说，与克里斯坦森密切合作，永远都是千载难逢的机会，我从来不觉得这是理所当然的恩典。

在克里斯坦森把我们四个人集合起来写这本书以前，我本来不认识另两位合著者霍尔和邓肯，但我很幸运有这个机会与他们合作。

后来我们为了这本书掏心掏肺、倾注全力，我时时刻刻都很感谢能有这个机会与他们共事。有好几个月的时间，我都不知道霍尔是何时睡觉的，他对这份工作的投入、洞见和热情从未减弱过。邓肯对用户目标达成理论在现实世界的运用，了解得极其广泛深入，无人能及，而且他非常擅长以浅显易懂的方式，说明和分享复杂的概念。我从他们两位身上学到了很多。

我对施耐德和帕尔马有说不完的感激，他们也是这本书的合作伙伴，以多到令我难以想象的方式支持和陪伴我们，无私地奉献。施耐德仿佛为我的生活带进了一缕阳光，让我随时保持高昂的热情。帕尔马虽然较晚加入我们，但他马上变成我们不可或缺的得力助手，这世上找不到他不擅长的事情，他们两人都是令我安心的依靠。

我和莫埃斯塔之间有过无数次的对话，每次都是他主动问我："有没有什么需要我帮忙的地方？"他总是热情地分享思维、经验和概念，这些都深深融入这本书中。看莫埃斯塔进行用户目标访谈，就像看大师表演特技一样。希望我们已经通过这本书阐明了他对用户目标达成理论的过人洞见。

我非常幸运能够接触到成长创新论坛及克里斯坦森研究院的卓越人士，听取他们的洞见。在这里我想特别感谢范·贝弗和戴在百忙之中拨冗帮助我。另外，巴特曼、欧吉欧姆、韦塞尔、特雷西·霍恩也在这本书的写作过程中提供了协助。克里斯坦森研究院的松达尔是真正的伙伴，他热情地花了好几个小时，与我们深入探讨用户目标达成理论。我也很感谢安·克里斯坦森、瑞贝卡·福格，以及热情的事实核查员迈克尔·德万纳斯，德万纳斯帮我在写书的过程中应付各种挑战。我要再次感谢斯特恩策略集团的顶尖团队：

斯特恩、卡普、阿尼亚·崔泽皮泽，以及哈珀·柯林斯出版公司的编辑海姆鲍奇及其助理斯黛芬妮·希区柯克。海姆鲍奇的热情鼓励及专业指导，总能在支持与鼓舞之间达到最佳的平衡。希区柯克一直是我们的优秀盟友。

我想感谢勒布朗和南新罕布什尔大学的团队、休伯、库克、罗兰、吉尔伯特、怀特曼、伯恩斯坦、邓恩和山间医院的团队、康利、可汗、高雷特、苹果的约翰·考奇、Intercom的德斯·崔诺尔和伊欧耿·麦凯布、精准营养公司的菲尔·卡拉万吉欧、庄臣公司的劳伦·拉齐等人大方地拨出时间，热情地接纳我们的理论，并与我们分享他们的故事。谢谢诸位帮我们把这些概念运用到现实生活中。

我的智囊团包括过去与现在的朋友和同事，我很荣幸能有这么体贴大方的靠山。拉基西·比利莫里亚花了好几个小时和我讨论用户目标达成理论，他不仅很有耐心，也带给我很大的启发。每次我需要奥沃斯时，他总是在我旁边。Innosight咨询公司的安东尼总能提供迅速又有见地的意见。马勒瑞·德温诺总是毫不迟疑地回答我无数的询问。谢谢《哈佛商业评论》的优秀同事詹姆斯·德维瑞斯的热心帮忙。同事简·海菲兹和艾米·贾洛在整个项目进行的过程中，也通过网络帮助我维持理智和笑容。

最重要的是，我之所以能花无数的时间，投入这个充满挑战的项目，是因为有家人的支持。谢谢我的女儿瑞贝卡和艾玛鼓励我持续追逐专业的梦想，同时激励我永远以自己的梦想为先。谢谢我的母亲玛丽莲·迪伦，她以敏锐的眼光，阅读了这本书以及我写过的其他重要项目，也谢谢她跟我一样在乎我的工作。

最后，我要感谢我的先生理查德，他也是我最要好的朋友，我有太多的事情需要感谢他了：当我为这本书进行数百小时的谈话时，他总是在我身边；他是我最忠实的点子顾问；提供值得深思的想法以及有建设性的评论；在恰当的时机默默地在我的桌上放一杯咖啡；耐心聆听我说话，从来不会暗示我可能讲了太多行话。这本书反映了他对我的无条件支持，如果没有他，我永远也无法完成这个任务。

邓肯的谢词

我很幸运能从头参与撰写这本书，若不是克里斯坦森的支持，我不可能完成这项工作。12 年前加入Innosight咨询公司时，我很荣幸认识他，并与他共事。我一直很钦佩他提出强大新概念的能力，还有他从事教育、写作、说故事的过人天赋。他也是我认识的最善良、大方的人。我很高兴能有这个机会与他合作共同完成这个令人振奋的项目。

我们这个团队让本书的撰写不仅充满成就感，而且还让整个过程相当愉悦。与另两位合著者迪伦和霍尔的合作是一大乐事。迪伦擅长写作及说故事，是我认识的最和气、最聪明的人。她让我们这个团队有效地合作，让工作按计划进行。霍尔因实务经验丰富，总是有源源不断的新洞见和妙趣横生的故事，他的幽默感让我们获益匪浅。我们的核心团队还包括施耐德、帕尔马和塔拉 · 戈斯，他们以多种方式为这个项目做着贡献，并提供了智慧及正能量。

虽然我是以Innosight咨询公司合伙人的身份参与本书撰写的，但我认为我的任务不只是贡献我的想法，也在于传达多年来Innosight咨询公司其他同人所开发出来的卓越研究和概念。辛菲尔德和安东尼为用户目标达成理论开发了基本概念，他们也开发出可以应用在大型组织中的多种方法。多年来我和安迪·沃尔德克及马克·约翰逊的多次讨论，以及最近和帕特里克·维吉尔瑞的讨论也让我获益良多。卡西·欧洛夫森和伊万·施瓦兹根据他们在编辑、写作、营销方面的专业，提供了许多睿智的意见和卓越的点子。我很幸运能在如此鼓舞人心的组织里，成为领导团队的一员。

多年来共事的许多客户和同人都帮助我塑造了用户目标达成理论的概念，但我想特别感谢为这本书贡献时间和故事的几位朋友，尤其是古利特、蒙森、高雷特、奈尔，他们大方地拨冗受访，耐心地与我们分享激励人心的故事。

我最想感谢的是我的家人。这一路走来，无论我中途换了什么道路，父母和兄长布莱恩一直都很支持我，他们的支持对我的人生产生了很大的影响。我也想感谢罗得岛的家人艾德、克莱尔和克莉斯蒂娜的关爱与支持。最重要的是，我要深深感谢我的妻子苏珊和女儿佐伊，她们总是能让我绽露微笑，激励我，给我方向，提醒我什么最重要，我想把这本书献给她们。